CONFIANZA Y PODER

Cambia tu forma de tratar a los demás y alcanza todo lo que te propongas

LES GIBLIN

TALLER DEL ÉXITO

Confianza y poder

Copyright © 2022 - Taller del Éxito

Título original en inglés: *How To Have Confidence and Power in Dealing With People.* Copyright © 1956 by Penguin Group (USA) Inc. Prentice Hall Press. Published by the Penguin Group (USA) Inc. 375 Hudson Street, New York, New York 10014, USA.

Reservados todos los derechos. Ninguna parte de esta publicación puede ser reproducida, distribuida o transmitida por ninguna forma o medio, incluyendo: fotocopiado, grabación o cualquier otro método electrónico o mecánico, sin la autorización previa por escrito del autor o editor, excepto en el caso de breves reseñas utilizadas en críticas literarias y ciertos usos no comerciales dispuestos por la Ley de Derechos de Autor.

Publicado por:
Taller del Éxito, Inc.
1669 N.W. 144 Terrace, Suite 210
Sunrise, Florida 33323
Estados Unidos
www.tallerdelexito.com

Editorial dedicada a la difusión de libros y audiolibros de desarrollo y crecimiento personal, liderazgo y motivación.

Diagramación y diseño de carátula: Diego Cruz

ISBN: 9781607387725

25 26 27 28 29 R|GIN 16 15 14 13 12

CONTENIDO

Qué puede hacer este libro por ti..9

PRIMERA PARTE
HAZ QUE LA NATURALEZA
HUMANA FUNCIONE A TU FAVOR..................................... 17

1. Tu secreto para el éxito y la felicidad..19

2. Cómo usar el secreto básico para influenciar a otros 29

3. Cómo aprovechar tus bienes ocultos 43

SEGUNDA PARTE
CÓMO CONTROLAR LAS ACCIONES
Y LAS ACTITUDES DE LOS DEMÁS.................................. 57

4. Cómo controlar las acciones...59

5. Cómo crear una buena primera impresión................................75

TERCERA PARTE
TÉCNICAS PARA HACER AMIGOS Y CONSERVARLOS....... 89

6. Cómo hacer uso de tres grandes secretos
   para atraer a las personas...91

7. Cómo lograr que los demás se sientan
   amigables de inmediato..105

CUARTA PARTE
**CÓMO USAR LAS TÉCNICAS DE CONVERSACIÓN
EFECTIVA PARA TRIUNFAR... 119**

8. Cómo desarrollar destrezas mediante
   el uso de las palabras...121

9. Cómo usar esa técnica que un juez de la
   corte suprema llamó "magia blanca"...137

10. Cómo lograr que los demás vean
    las cosas a tu manera… ¡Y rápido!..149

QUINTA PARTE
CÓMO DIRIGIR A OTROS CON ÉXITO 165

11. Cómo lograr el 100% de cooperación
    y aumentar tu poder cerebral..167

12. Cómo usar tu poder milagroso
    en las relaciones humanas 181

13. Cómo hacer críticas sin ofender..193

SEXTA PARTE
TU MANUAL DE RELACIONES HUMANAS...................... 203

14. Un plan de acción sencillo y efectivo que te
 conducirá al éxito y a la felicidad 205

*Dedicado a mi esposa Gretchen
y a mi madre Elizabeth,
cuya inspiración, dirección y ayuda,
hicieron posible este libro.*

QUÉ PUEDE HACER ESTE LIBRO POR TI

Enfrentémoslo: sí queremos algo de los demás. Queremos su buena voluntad y amistad. Queremos su aceptación y reconocimiento.

Un ejecutivo quiere lograr la posibilidad de hacer negocios con otros. Un esposo y una esposa quieren amor y afecto mutuo. Un padre quiere obediencia. Un hijo quiere seguridad y amor. Un vendedor quiere que sus clientes escriban su firma sobre la línea punteada. Un jefe quiere lealtad, producción y cooperación. Un empleado quiere reconocimiento y crédito por lo que hace.

Todo ser humano normal quiere tener éxito y felicidad. ¿Alguna vez has considerado el hecho de que otras personas juegan un papel importante en todo triunfo que obtienes o en la felicidad de la que disfrutas? Triunfamos, en gran parte, debido a las relaciones que tenemos con otros. Y, sin importar cuál sea tu definición de felicidad, una pequeña idea te convencerá de que tu propia felicidad depende en gran manera del tipo de relaciones que tengas.

¿Por qué no buscar lo que quieres?

No nos disculpemos por el hecho de necesitar lo que ofrecen quienes nos rodean. No nos disculpemos por querer triunfar en nuestras relaciones con ellos.

En lugar de eso, reunámonos en torno a este libro y tengamos una conversación honesta acerca de cómo lograr lo que deseas de los demás.

No tengo teorías ilusas respecto a cómo debería ser la manera de proceder de cada quien, ni tengo trucos ni artilugios para que te lleves bien con otros al reprimir tus propios deseos.

En lugar de eso quiero hablarte de algunas cosas que he descubierto en cuanto a cómo *procedemos* y reaccionamos los seres humanos, y cómo usar estos elementos para conseguir lo que quieres, ya sea un aumento de salario por parte de tu jefe, una orden de un cliente potencial, o buena voluntad de parte de un vecino.

Se dice que "el conocimiento es poder". Conocer la naturaleza humana *tal como es*, y no como dicen los teóricos que *debería* ser, te ayudará a obtener lo que quieres de tus relaciones interpersonales.

Los métodos presentados en este libro no representan teorías remotas que haya inventado, más bien representan *métodos y técnicas comprobados* que surgieron a partir del trabajo de muchos años en mis clínicas de relaciones humanas. Éstos han demostrado ser útiles en la vida de miles de personas.

Dichos métodos pueden no estar de acuerdo con ciertas ideas populares.

Pero tienen una ventaja: ¡Funcionan!

Todos ganan, nadie pierde

Miles de personas saben que quieren algo de quienes les rodean. Pero son tímidas al buscar lo que quieren porque temen que satisfacer sus propios deseos es algo egoísta. Para ellas, el deseo innato de alcanzar el éxito y la felicidad, necesariamente significa privar a otro ser humano de algún triunfo o alegría.

Seamos directos en algo: relaciones humanas exitosas significa darle a alguien más algo que esa persona quiere a cambio de algo que tú quieres. Cualquier otro método de relación interpersonal sencillamente no funciona. El lector que no tiene escrúpulos para obtener lo que quiere de cada relación sin dar algo a cambio, no necesita un libro sobre relaciones humanas.

Este libro está escrito para los miles a quienes les gustaría mucho dominar el arte de alcanzar lo que quieren de alguien y hacer que ese alguien se sienta feliz por eso.

Los tres métodos básicos del trato interpersonal

Ningún ser humano es autosuficiente. Cada uno de nosotros necesita algo que otro tiene para ofrecer. Tú también tienes algo que otros necesitan. Todas nuestras interacciones con los demás se basan en estas necesidades. Solo hay tres formas básicas para tratar con la gente:

1. Usando la fuerza, amenazando, intimidando o siendo más inteligente que la otra persona para obtener lo que necesitas

de ella. Aunque es normal que los criminales caigan en esta categoría, muchos individuos respetables también usan este método de maneras más sutiles.

2. Convirtiéndote en un mendigo de la relaciones humanas y pidiéndoles a los demás que te den lo que quieres. Este tipo de personalidad sumisa hace un trato implícito con quien está relacionándose: "No me haré valer de ninguna forma, ni te causaré ningún problema, y a cambio tú serás amable conmigo".

3. Procediendo según un intercambio justo, o de dar y tomar. Procura que tu enfoque sea darles a los demás lo que quieren y necesitan, y sin falta ellos se volverán y te darán lo que necesitas.

Cómo aprovechar el capital que no estás usando

En este libro no vas a encontrar nada acerca de los primeros dos métodos mencionados anteriormente. Más bien aprenderás algunas técnicas comprobadas para obtener lo que *tú* quieres al darles a los demás lo que *ellos* quieren.

Ahora mismo tienes en abundancia algo que otros quieren. Ofrécelo y ellos con gusto te darán éxito y felicidad a cambio. Probablemente nunca hayas llegado a entender por completo que tienes un valioso capital que otros desean tener con ansias. En este libro quiero hablarte de ese capital.

Puedes obtener lo que quieres y al mismo tiempo ayudar a los demás

Por muchos años hemos asumido que si intentamos satisfacer nuestros propios deseos para alcanzar el éxito y la felicidad, sin falta privaremos a otra persona de satisfacer sus propios deseos. Pero la evidencia definitivamente apunta hacia otra dirección.

Es más probable que alguien feliz disperse felicidad, que alguien infeliz. Un individuo próspero es más dado a beneficiar a quienes interactúan con él, que uno en constante fracaso. Una persona que haya alcanzado sus propios deseos de forma razonable es mucho más generosa y considerada al pensar en los de los demás, no así alguien infeliz.

Los psicólogos, los criminólogos e incluso ahora los médicos, nos dicen que gran parte de los problemas y de la miseria de este mundo son causados por *personas infelices*. Ellos nos dicen que tu frustración y miseria causan un gran perjuicio a quienes te rodean, el cuál deberías evitar.

El secreto para tener relaciones humanas exitosas

El verdadero secreto para tener relaciones humanas exitosas es aprender cuanto nos sea posible de la naturaleza humana *tal como es*, y no como creemos que debería ser. Sólo cuando entendamos con qué estamos tratando, estaremos en posición para hacerlo de manera exitosa.

De modo que démosle una mirada a la naturaleza humana. Entendamos qué es lo que una persona realmente quiere. Reunámonos e identifiquemos algunos métodos para satisfacer estas necesidades y deseos. Aprendamos a trabajar *con la naturaleza humana, en lugar de hacerlo en contra* de la misma.

Es muy probable que aprendamos que el gran problema del mundo no es que las personas estén hechas como son, sino que con mucha frecuencia ignoramos sus deseos. Quizá estés muy de acuerdo al ver que en realidad no es necesario restarle importancia ni idealizar la naturaleza humana sino aceptar que el buen Creador sabía lo que estaba haciendo cuando nos hizo como nos hizo.

Siempre que escucho que alguien demerita la naturaleza humana y le atribuye sus problemas al hecho de que es muy terco, recuerdo algo que en alguna ocasión dijo Harry Matelski, Director de Personal de Wolf & Dessauer en Fort Wayne, Indiana:

"Les", me dijo, "¿alguna vez has notado que un mecanógrafo mediocre seguramente muestra insatisfacción con su máquina de escribir? ¿Y que un mal golfista siempre culpa a los malos clubes de golf por su mal golpe? También vas a encontrar que las personas con pocas destrezas para las relaciones interpersonales son quienes siempre se quejan de la naturaleza humana y le echan la culpa de todos sus problemas al hecho de que los demás son demasiado desagradables".

Cómo tener confianza y seguridad en las relaciones interpersonales

El verdadero objetivo de este libro es enseñarte a tener *confianza y seguridad* en las relaciones interpersonales.

Una de las razones principales por las cuales tantas personas carecen de confianza al tratar con los demás se debe a que ellas no entienden con *qué* están tratando. Siempre estamos inseguros de nosotros mismos y no tenemos confianza cuando tratamos con lo desconocido. Mira cómo un mecánico inexperto repara el motor de un automóvil extraño que no entiende. Vacila. Todos sus movimientos muestran falta de confianza. Luego mira a un mecánico experto que entiende el motor sobre el que está trabajando. Todos sus movimientos transmiten confianza. Lo mismo ocurre con *todo* lo que tratamos. Entre más lo conozcamos, más confianza tendremos al tratar con ello.

Memorizar algunas "normas" sobre relaciones humanas, y luego aplicarlas como si fueran trucos, no te dará confianza para tratar con los demás. Pero sí el hecho de entender la naturaleza humana y los principios básicos detrás del comportamiento de la misma. Cuando entiendas por qué las personas se comportan como lo hacen, automáticamente te encontrarás sintiéndote más *seguro* en tu trato con ellas.

A la par de ayudarte a entender la naturaleza humana, este libro también te dará prácticos y claros métodos a poner en práctica. Recibirás *técnicas y estrategias comprobadas* para que las apliques junto con tus conocimientos sobre la naturaleza humana. Estas técnicas han funcionado para miles de personas y funcionarán para ti. Cuando comiences a *poner en práctica* tu conocimiento sobre la naturaleza del ser humano, encontrarás en ti mismo una nueva *confianza y seguridad* para tratar con la gente.

PRIMERA PARTE

HAZ QUE LA NATURALEZA HUMANA FUNCIONE A TU FAVOR

1. Tu secreto para el éxito y la felicidad
2. Cómo usar el secreto básico para influenciar a otros
3. Cómo aprovechar tus activos escondidos

1

TU SECRETO PARA EL ÉXITO Y LA FELICIDAD

Todos queremos dos cosas en la vida: *éxito y felicidad*. Todos somos diferentes. Tu idea del éxito puede ser diferente a la mía. Pero, si hemos de ser felices y exitosos, hay un *gran factor* con el que todos debemos tratar y es el mismo así seas abogado, médico, ejecutivo, gerente de ventas, padre, vendedor, ama de casa —e incluso si no lo eres.

El *común denominador* del éxito y la felicidad se centra en las demás personas.

Diferentes estudios científicos han demostrado que si aprendes a interrelacionarte, has avanzado un 85% del camino hacia el éxito en cualquier negocio, ocupación o profesión, y un 99% del camino hacia tu felicidad personal.

La respuesta no está en sólo llevarse bien

Aprender apenas a llevarse bien con otros no garantiza el éxito ni la felicidad. Caspar Milquetoast ha aprendido cómo debe interrelacionarse apropiadamente para evitar problemas. Él es el tipo de persona tímida, distanciada, suave, que ha aprendido que para "llevarse bien con los demás", por ejemplo, sencillamente deja que le pasen por encima.

En el otro extremo se encuentra la persona dictadora y tirana que también ha encontrado cómo "llevarse bien con los demás": simplemente derriba toda oposición, *hace que los demás sean su tapete* y procede a caminar sobre ellos.

No necesitamos más libros sobre cómo llevarnos bien con la gente porque cada uno de nosotros ya ha establecido su propio sistema. Incluso este tipo de persona tiene su propio método especial, y los psicólogos nos dicen que la neurosis en sí se define como un patrón de respuestas que el neurótico ha desarrollado para llevarse bien con su entorno.

Lo que importa es tener una manera adecuada de interactuar y de tratar al prójimo de tal modo que nos proporcione *satisfacción personal* y al mismo tiempo no pisotee los egos de aquellos con quienes estamos tratando. Las relaciones humanas constituyen la ciencia de relacionarse con la gente de tal forma que nuestro ego y el de nuestros congéneres permanezcan intactos. Y este es el *único* método para llevarse bien con ellos que realmente arroja resultados positivos y proporciona una satisfacción real.

La razón por la cual el 90% de la gente fracasa en la vida

El Instituto de Tecnología Carnegie analizó los registros de diez mil personas y llegó a la conclusión de que el 15% del éxito depende del entrenamiento técnico, de conocimientos y destrezas sobre el trabajo, y el 85% restante depende de factores de personalidad, ¡y la habilidad de tratar a los demás de forma exitosa!

Cuando la Oficina de Dirección Vocacional de la Universidad de Harvard hizo un estudio en miles de hombres y mujeres que habían sido despedidos, encontró que por cada persona que perdía su empleo por no hacer bien su trabajo, dos lo perdían por no relacionarse con su entorno de forma exitosa.

El porcentaje aumentó en un estudio presentado por el Dr. Albert Edward Wiggam en su columna citada "Exploremos tu mente". De cuatro mil individuos que perdieron sus empleos en un año, sólo el 10%, es decir, cuatrocientos, lo perdieron porque no podían hacer el trabajo. ¡El 90%, equivalente a tres mil seiscientos, lo perdieron porque no habían desarrollado su personalidad para tratar de forma exitosa con los demás!

De dónde provienen el éxito y la felicidad

Mira a tu alrededor. Dirías que las personas más exitosas que conoces ¿son aquellas con los mejores cerebros y las mejores destrezas? Que las personas más felices y que más se divierten en la vida ¿son mucho más inteligentes que el resto de las que conoces? Si te detienes a pensar por un minuto, es muy probable que concluyas que las personas más exitosas que conoces y que más disfrutan la vida son aquellas que "se relacionan bien" con otras.

Tus problemas de personalidad son tus problemas con los demás

En la actualidad hay millones de personas ensimismadas, tímidas, temerosas, incómodas en entornos sociales, que se sienten inferiores y nunca ven que su *verdadero* problema es cuestión de relaciones humanas. Al parecer nunca han pensado que su fracaso de personalidad en realidad sea una falla de aprendizaje sobre cómo interactuar de forma exitosa.

Así también hay muchos que, por lo menos en la superficie, parecen estar en el lado completamente opuesto del tipo de comportamiento tímido y distanciado. Ellos lucen seguros de sí mismos, son "autoritarios" y dominan cualquier entorno social en el que se encuentren, ya sea en el hogar, en la oficina o en el club. Pero esta clase de individuos también ve que algo le hace falta. Se preguntan por qué sus subordinados o sus familias no los aprecian, por qué las otras personas no están dispuestas a colaborar, por qué es necesario presionarles permanentemente para que les cooperen. Y por sobre todo, en sus momentos más honestos entienden que a quienes más desean impresionar, en realidad nunca les dan la aprobación ni la aceptación que anhelan. Imponen la cooperación, exigen lealtad y amistad, hacen que otros produzcan para ellos, pero lo único que no pueden forzar, es lo que más desean. No pueden agradar a los demás por medio de la fuerza, y de hecho nunca obtienen lo que desean porque nunca han dominado el arte de relacionarse de manera adecuada con otros.

Bonaro Overstreet, en su libro *Understanding Fear in Ourselves and Others*[1], dice que los problemas emocionales destructivos siempre tienen su raíz en nuestras relaciones con los demás. "El ser humano experimenta temor cuando su auto patina sobre una vía con hielo, pero dicho temor no distorsiona su personalidad.

---
1. New York: Harper and Brothers, 1951.

Experimenta dolor cuando un martillo cae sobre su pie, pero dicho dolor no genera hostilidad constante... La única pérdida que no puede soportar y afecta su salud emocional es la pérdida de la buena voluntad entre él y los otros seres humanos".

Los métodos de carrozas haladas por caballos no funcionarán en una era atómica

Es probable que a lo largo de la Historia haya habido un momento en el que un destacado industrial haya dicho: "Al diablo con el pueblo" y se haya salido con la suya. Incluso tan recientemente como en la Segunda Guerra Mundial, cuando los bienes de consumo eran escasos, los agentes de ventas, los dependientes y los hombres de negocios se las arreglaban con una actitud similar.

Tiempo atrás, antes de la "liberación femenina", las relaciones humanas en el hogar también eran algo simple. El esposo y padre sencillamente jugaba el papel de amo y señor, si lo lograba, no habría mayor problema, por lo menos en la superficie.

Pero los tiempos han cambiado, y quienes viven en el pasado, tratando de hacer que los métodos de carrozas haladas por caballos funcionen en una era atómica, están quedando en la orilla del camino, muy lejos de los que van impulsados por cohetes, aquellos expertos en relaciones humanas modernas.

A medida que la civilización progresa y los nuevos inventos hacen que nuestro mundo sea cada vez más pequeño, mientras nuestra vida económica se hace cada vez más especializada y complicada, *otras personas* están volviéndose más y más importantes para nosotros.

El mundo de Davy Crockett ya no existe

Davy Crockett fue un individualista férreo, y podía darse el lujo de serlo. En su época los seres humanos no dependían tanto los unos de los otros como en la actualidad. Si para la cena tenía un filete de oso o un estofado de conejo recalentado, dependía en gran parte de su propia inclinación y de la agudeza de su puntería. Pero si la señora Gibblin disfruta, o no, de un selecto corte de filete grado A, el hecho depende de sus relaciones humanas con el carnicero de la esquina, y de que su esposo haya tenido éxito en sus relaciones con la gente durante la última semana.

La destreza de Davy Crockett para sostener a "Old Betsy" era casi todo lo que necesitaba. Pero incluso las habilidades técnicas de nuestro mundo moderno van después de nuestras capacidades en el trato con la gente. Permíteme darte un par de ejemplos.

La ingeniería humana es más importante que el conocimiento técnico

Si en la actualidad existe una profesión que parezca por completo cuestión de destrezas técnicas, ésa es sin duda la ingeniería. Sin embargo la Universidad Purdue llevó un registro detallado de sus graduados de ingeniería durante un periodo de un poco más de cinco años. Las ganancias de quienes obtuvieron las más altas calificaciones en la universidad, aquellas personas que realmente parecían haber dominado todos los detalles técnicos y que tenían los cerebros para ejercer sus profesiones con maestría, fueron comparadas con las ganancias de quienes obtuvieron las calificaciones más bajas. Había apenas una diferencia de $200 dólares por año.

Pero al comparar las ganancias de quienes demostraron una notoria capacidad de relacionarse con otras personas en entornos sociales se halló que en promedio ellas ganaban un 15% más que quienes conformaban el grupo de los "inteligentes", y un 33% más que quienes tenían bajas puntuaciones en cuanto a su personalidad.

Es irónico que en la actualidad hay muchas personas más interesadas en mejorar su personalidad, pero muestran poco o ningún interés en mejorar sus técnicas de relaciones interpersonales. Pero, como el Dr. Albert Edward Wiggam, —el eminente psicólogo— lo dijo: "Cuando reduces la *personalidad* a sus ingredientes básicos, no es nada más que la habilidad de *interesar y servir* a otras personas".

La gente está aquí para quedarse

Nos guste o no, las personas están aquí para quedarse. En nuestro mundo moderno, sencillamente no podemos alcanzar ningún éxito sin tener en cuenta a los demás.

El médico, el abogado, el vendedor que goza del mayor éxito, no necesariamente es la persona más inteligente ni la más habilidosa en las dinámicas del trabajo. La chica que vende la mayor cantidad de productos y más se divierte haciéndolo, tampoco requiere de ser la más hermosa ni la más lista.

El esposo y la esposa que son los más felices, no son los que tienen las caras más hermosas ni los físicos más atléticos.

Busca el éxito en cualquier área y encontrarás a un hombre o una mujer que ha dominado el arte de relacionarse con los demás, que sabe tener "acceso" a las personas.

Métodos comprobados para obtener lo que quieres

Para mí este tema de cómo relacionarse de manera exitosa con otras personas siempre ha sido de gran interés. Por muchos años estudié a hombres y mujeres exitosos que conocí y procuré ver qué los hacía sobresalir. Por la misma razón, también estudié a hombres y mujeres que habían fracasado. Leí todo lo que pude al respecto pero encontré que la mayoría de libros cuyo tema es "llevarse bien con los demás" no se basaban en ningún estudio acertado respecto a cómo se comportan las personas y qué es lo que realmente quieren. En lugar de eso se trataba de las ideas preferidas de alguien respecto a cómo *deberíamos* comportarnos, y qué "deberíamos" querer. Eran ensayos excesivamente optimistas sobre cómo aplacar a los demás *renunciando* a cada satisfacción que deseabas para ti, o también consejos sobre cómo dominar a otros mediante una "personalidad fuerte".

Sin embargo, tras varios años, observé que había hombres y mujeres que silenciosamente estaban usando técnicas y métodos que funcionaban, no sólo para llevarse bien con otras personas sino también para obtener de ellas lo que querían.

Lo extraño es que muchos de los métodos y técnicas que estas personas usaban eran las mismas técnicas que habían sido escritas hacía unos cuatro años, sólo que había una gran diferencia: eran aplicadas no de forma superficial, ni como "artilugios", sino *comprendiendo la naturaleza humana*. Eran utilizadas como *principios* más que como trivialidades.

La destreza depende de dominar ciertos principios básicos

Tener habilidades para las relaciones humanas es similar a las destrezas que se tienen en cualquier otro campo, en las que el éxito depende de entender y dominar ciertos principios básicos generales. No sólo debes saber *qué* hacer, sino *por qué* lo estás haciendo.

No seas un cantante de una sola nota. En lo que respecta a principios básicos, las personas son las mismas. Pero cada individuo que conoces es diferente. Si procuras aprender algún artilugio para tratar de manera exitosa con cada individuo que conozcas, estarás enfrentando una tarea imposible, como si cada composición individual que aprendiera un pianista fuera un arte completamente nuevo y único para él.

Lo que el pianista hace es dominar ciertos principios. Aprende determinados elementos básicos acerca de la música. Practica unos ejercicios hasta que desarrolla habilidades sobre el teclado. Cuando ha dominado estos elementos básicos, entonces está en capacidad de ejecutar *cualquier* pieza musical que le pongan delante, con un poco de práctica y algo más de aprendizaje pues, aunque cada pieza musical es diferente, sólo hay 88 teclas en el piano, y sólo ocho notas en la escala.

Si eres pianista o no, rápidamente estás en capacidad de aprender a tocar un "hermoso acorde" en el piano. Con algo más de paciencia, aprenderás a tocar por separado todos los acordes que usa el pianista de conciertos. Pero esto no te hace pianista. Si intentaras dar un concierto, sería todo un fracaso.

Ejercer influencia sobre las personas es un arte, no un artilugio. Casi de la misma manera es lo que sucede cuando tratas de aprender algunos trucos para "ejercer influencia sobre las personas" y los aplicas de forma superficial y mecánica. Haces los mismos movimientos que quienes "agradan" a los demás, pero por alguna razón no parecen funcionar para ti. Tocas las mismas notas pero la música no suena.

El propósito de este libro no es enseñarte algunos "acordes" sino ayudarte a dominar el teclado, no enseñarte algunos trucos para el trato con las personas, sino darte "conocimientos" basados en la comprensión de la naturaleza humana y por qué las personas se comportan como lo hacen.

Los métodos presentados en este libro han sido *probados en miles de personas* que han asistido a mi clínica de relaciones humanas. No son sólo ideas agradables de cómo "deberías" tratar a los demás, sino ideas que han superado la prueba de cómo *debes* tratarlos si quieres llevarte bien con ellos, y al mismo tiempo alcanzar lo que quieres.

Sí, todos queremos tener éxito y felicidad. Pero si alguna vez existió la época en la que podías obtener estos dos premios al forzar a otros a darte lo que quieres, ésta ya pasó. Mendigar lo que quieres no es mejor, ya que nadie tiene respeto ni ningún deseo de ayudar a quien todo el tiempo se inclina y, literalmente, va por todas partes con la mano extendida mendigando el agrado de los demás.

La manera exitosa de obtener lo que quieres de la vida es adquiriendo destrezas para interactuar acertadamente con los demás.

EL CAPÍTULO 1 EN POCAS PALABRAS

1. Es un hecho probado que entre el 66% y el 90% de todos los fracasos en el mundo de los negocios son fracasos en el área de las relaciones humanas.

2. Los llamados problemas de personalidad, como la timidez y el ensimismamiento, son básicamente problemas de interacción con quienes nos rodean.

3. Aprende destrezas para relacionarte con confianza, y automáticamente mejorarás tu propio éxito y felicidad.

4. Aprende los principios fundamentales para interactuar con otros y no vas a necesitar trucos.

2

CÓMO USAR EL SECRETO BÁSICO PARA INFLUENCIAR A OTROS

Al momento de escribir esta obra los diarios están publicando dos noticias que aparentemente no están relacionadas. Una tiene que ver con un hombre que estranguló a una mujer por quedarse dormida mientras él hablaba con ella. La otra tiene que ver con un joven de 17 años que, junto con otros dos compañeros, asaltaron una estación de servicio de combustible. El joven de 17 años tenía dientes muy grandes y admitió que no *quería* robar, pero que toda su vida los demás chicos se habían burlado de él y sólo quería demostrarles que él era un "hombre".

Ambas historias muestran los extremos a los que se llega para defender un ego herido. Eres capaz de lastimar físicamente a un hombre, robarle sus bienes, hacerle toda clase de daños, y sobrevivir. Pero un pecado imperdonable, en lo que respecta a las relaciones humanas, es pisotear el ego de otra persona. Estarás en problemas tan pronto le restes valor como ser humano a la dignidad de cada individuo.

Como el ego humano es tan valioso para quien lo posee, y como alguien puede llegar a tales extremos de defenderse contra lo que *cree que es una amenaza* contra su ego, la palabra egotismo se ha convertido en algo malo.

Miremos el otro lado del egotismo

Si el egotismo hace que las personas actúen de forma irracional y destructiva, también puede lograr que se comporten de forma noble y heroica.

¿Pero, qué es el egotismo?

Edward Bok, un famoso editor y humanista, dijo que lo que el mundo llama ego y presunción, es en realidad una "chispa divina" sembrada en el hombre, y que solamente los hombres y mujeres que tienen una "chispa divina encendida en su interior" son quienes han logrado grandes cosas.

No importa cómo lo llames: "dignidad humana", "personalidad", o algo por el estilo, lo cierto es que en lo profundo del corazón de cada hombre y mujer hay algo que *es* importante y *exige* respeto. Todo ser humano es único e individual, y el impulso más poderoso en cada uno es mantener su individualidad y defender este elemento importante contra todos sus enemigos.

Es por esto que no es posible tratar a las personas como si fueran máquinas, ni como números en una registradora, ni como "masas", y salirte con la tuya. Todo esfuerzo que se ha emprendido para privar a los seres humanos de su valor individual ha fracasado porque es más poderoso que los ejércitos y las prisiones. Ha demostrado ser más fuerte que los señores feudales que trataron de convertir a las personas en siervos. Demostró ser más invencible que los ejércitos de Hitler. La individualidad del ser humano organizó el escenario para nuestra propia "tierra de los libres", pues la Declaración de Independencia, si lees atentamente, en realidad es una declaración de independencia para el *individuo*. Su poder se deriva no de ciertos derechos para determinado *grupo* de hombres, sino del hecho de que proclama ciertos derechos inalienables para "todos los hombres".

También vale la pena notar que nuestra Declaración de Independencia presenta el valor real de una persona como un don de Dios, en lugar de algo que el individuo haya hecho por sí solo. "Sostenemos que estas verdades son evidentes: que todos los hombres... son dotados por su Creador de ciertos derechos inalienables...".

Este no es un libro religioso. Pero al final no puedes separar la religión de las relaciones humanas. Si no crees en un Creador que ha dotado a los seres humanos con derechos inalienables, con un valor innato, entonces tampoco creerás en las personas. Los comunistas dicen que no hay Creador, por lo tanto, las personas no son muy importantes. El individuo no cuenta para el comunista.

En una ocasión, Henry Kaiser dijo que si tienes presente que cada persona *es* importante, *automáticamente* estarás practicando buenas relaciones humanas porque toda persona es un hijo de Dios.

Ésta también es la única base real de la autoestima. El hombre o la mujer que entiende qué es "importante", no por lo que ha hecho o cuán bueno ha sido, sino por la gracia de Dios al otorgarle cierto valor innato, desarrolla una autoestima saludable. El hombre o la mujer que no entiende esto, trata de darse significado ganando dinero y poder, haciendo que su nombre quede escrito, o de cientos de maneras diferentes. No sólo es lo que llamamos un "egotista", cuando usamos esa palabra en el peor sentido, sino que su permanente deseo insatisfecho de autoestima es lo que genera la mayor cantidad de problemas en este mundo.

Todos somos egotistas: cuatro factores de vida

Si vas a interactuar con otros, ya sean hijos, esposas, esposos, vecinos, jefes, empleados, o convictos, harás bien si impregnas tu mente con la siguiente verdad, y actúas consecuentemente con la misma:

1. Todos somos egotistas.

2. Todos estamos más interesados en nosotros mismos que en cualquier otra cosa en el mundo.

3. Toda persona que conoces quiere sentirse importante, y "lograr algo".

4. En todo ser humano hay un anhelo de aprobación por parte de los demás, para poder aprobarse a sí mismo.

Todos tenemos hambre de ego. Y solamente cuando satisfacemos dicha hambre, por lo menos en parte, es que logramos "olvidarnos de nosotros mismos", quitar la atención de sobre nosotros y dársela a alguien más. Sólo cuando alguien ha aprendido a agradarse a sí mismo es capaz de ser generoso y amigable con los demás.

¿Qué nos hace ser egocéntricos y engreídos?

Antes creíamos que el problema de un egotista era que pensaba casi sólo en sí mismo, que tenía mucha autoestima y era demasiado centrado en su propio ser, y que de alguna manera debía renunciar a su deseo de pensar en él y quedaría "curado". Incluso los antiguos teóricos en Psicología solían pensar que el egotista tenía una opinión de sí mismo muy elevada y que la forma de tratarlo era "rebajarlo" y "quitarle algo de su propia importancia". Hace cientos de años la sociedad probó estos métodos en el trato con los criminales. Aún en la actualidad hay quienes intentan usarlos con personas tercas y difíciles de tratar. Sin embargo estas tácticas nunca han funcionado. El único éxito que han logrado ha sido hacer que la persona sea más hostil y que su ego sea más sensible.

La razón por la cual estos métodos no funcionan es sencilla. Gracias al trabajo de los psicólogos clínicos que han estudiado casos reales (no teorías), ahora, sin duda sabemos que alguien que está centrado en sí mismo y es egotista no padece de mucha autoestima, sino de poca.

Si estás en buenos términos contigo mismo, estás en buenos términos con los demás. Incluso Bonaro Overstreet ha llegado a decir que cada instancia en la que una persona está en desacuerdo consigo misma y con otros ha demostrado ser un problema de falta de verdadera autoestima, y que la cura, en todos los casos, consiste en restaurar la autoestima. Cuando alguien comienza a agradarse a sí mismo un poco más, es posible agradarles también un poco más a otras personas. Cuando supera su dolorosa insatisfacción consigo mismo, es menos crítico y más tolerante con su entorno.

Los psicólogos clínicos y experimentales, después de estudiar miles de casos de *personas reales* con toda clase de problemas, llegaron a la conclusión de que el hambre de ego es tan universal y natural como el hambre de alimento.

Y alimentar el ego, así como alimentar el cuerpo, sirve para autopreservación. El cuerpo necesita alimento para sobrevivir. El ego, o la única individualidad de cada persona, necesita respeto y aprobación así como un sentido de logro.

Un ego hambriento es un ego mezquino. Comparar el ego con el estómago se extiende hasta explicar por qué las personas actúan como lo hacen. Un hombre que toma tres buenas comidas al día, piensa poco en su estómago. Pero déjalo sin alimento por uno o dos días y va a tener tanta hambre que toda su personalidad cambiará. De ser una persona generosa, divertida, con buen ánimo, seguramente pasará a ser un cascarrabias irritable. Se hará más crítico. Nada lo complacerá. Tratará con brusquedad a los demás. De nada le ayudará que sus amigos bien intencionados se le acerquen y le digan que su problema es que está demasiado "concentrado en su estómago" y que debe dejar de pensar en él. Tampoco hará bien decirle que debería pensar menos en sí mismo y pensar más en los demás. Él puede superar su "concentración en el estómago" sólo de una manera, y es teniendo acceso a lo que la naturaleza exige para sobrevivir. La naturaleza ha puesto un instinto en cada criatura, el cual dice: "Tú y tus necesidades básicas van primero". En resumen, él debe comer y cuidar de sus propias necesidades elementales antes de poder prestarle atención a cualquier otra cosa.

Es prácticamente lo mismo con las personas ensimismadas. Para tener una personalidad saludable, sana y normal, la naturaleza exige cierta cantidad de aceptación y aprobación propias. Y no hace ningún bien el regañar a una persona ensimismada, ni decirle que deje de pensar en sí misma. Mientras su ego no esté satisfecho, *no* podrá sacarse a "sí misma" de su mente. Cuando esto suceda sin duda quitará su atención de sí misma y la centrará en su trabajo así como en otras personas y sus necesidades.

Cómo usar la fórmula BA/EFP

Miremos cómo mejorar tus relaciones con otros como por arte de magia, si recuerdas estas letras mágicas: BA/EFP. En este caso significan:

Baja Autoestima Equivale a Fricción y Problemas

Cuando la autoestima de las personas está en un nivel alto es fácil llevarse bien con ellas. Son alegres, generosas, tolerantes, están dispuestas a escuchar las ideas de los demás. Se han ocupado de sus propias necesidades básicas y piensan en las necesidades de otros. Su propia personalidad es tan fuerte y segura que se dan el lujo de asumir algunos riesgos y equivocarse de vez en cuando. Pueden admitir ante sí mismas que han cometido un error e incluso lo critican y menosprecian, pero lo toman con calma ya que afecta muy poco su autoestima, y todavía les queda mucha.

Es un hecho muy conocido que es mucho más fácil relacionarse con quienes están en la cima que con los don nadie. Una historia de la Primera Guerra Mundial cuenta de un soldado que gritó "apaga ese maldito juego", para luego darse cuenta que, por desgracia, el del radio era el General "Black Jack" Pershing. Cuando trató de balbucear una disculpa, el General Pershing le dio una palmada en la espalda y le dijo: "No hay problema hijo, sólo alégrate de que no soy un teniente segundo".

El estatus del general no se vio amenazado por el comentario del soldado.

Si te sientes pequeño, te sientes rebajado. Cuando la autoestima se encuentra en su punto más bajo, los problemas y las fricciones surgen con facilidad. Y cuando la autoestima es lo *suficientemente baja*, casi cualquier cosa se convierte en una amenaza. Esto es lo que pasa cuando un hombre estrangula a una mujer por quedarse dormida mientras habla con él. Si su autoestima hubiera sido lo suficientemente elevada, la afrenta no habría alcanzado proporciones tan grandes para él. Si el joven de 17 años hubiera tenido suficiente autoestima, no habría tenido que asaltar una estación de servicio para demostrarles a sus compañeros que "él era un hombre".

Para una persona con baja autoestima, incluso una mirada de crítica o una palabra dura le parecen una calamidad. Las llamadas "almas sensibles" que ven una "indirecta" o un segundo sentido en la observación más inocente, sufren de baja autoestima. El jactancioso, el presumido y el fanfarrón también sufren de baja autoestima.

Cómo entender al matón. Incluso aquel arrogante que intenta "ponerte en tu lugar" o hacerte sentir inferior, en realidad sufre de una baja opinión de sí mismo. Entenderás su comportamiento si tienes presentes dos cosas: primera, que esa persona necesita desesperadamente aumentar su propia importancia e intenta hacerlo al intimidarte; y segunda, que está asustada. Su autoestima está a un nivel tan bajo que llega a comprender que un buen "desplante" de tu parte sería suficiente para destruirlo todo. Y aunque en realidad no sabe que tú también te puedes derrumbar, él *no puede darse el lujo de que eso suceda.* No va a acercarse a ti de hombre a hombre, en igualdad de condiciones, sin defensas, porque el riesgo que esto involucra sería demasiado grande. La única estrategia segura que usará será ponerte en tu lugar antes de que tú lo pongas a él en el suyo, el cual, según él, está muy abajo en la torre.

Si recuerdas estas letras: BA/EFP, te ayudarán a tratar con todos aquellos que sufren de baja autoestima. Entender por qué se comportan así te servirá para desarrollar una estrategia para relacionarte con ellos.

Si entiendes que la baja autoestima es lo que genera fricción y problemas, no aumentarás el problema al tratar de disminuir aún más a esas personas. Evitarás el sarcasmo y los comentarios cortantes. No intentarás "ganarles" una discusión porque de ser así, solamente disminuirás aún más su reducida reserva de autoestima y harás que ahora sea más difícil relacionarte con ellas que antes. Esta es la psicología detrás de la conocida frase: "Gana la discusión y pierde la venta".

Cómo convertir un león en un cordero

Solo hay una manera efectiva de relacionarte con personas problemáticas:

Ayúdalas a agradarse más a sí mismas

Alimenta su hambre de ego y dejarán de gruñir y de irritarse contigo.

Recuerda que un perro hambriento es un perro mezquino. Los perros bien alimentados rara vez quieren pelear, y en los días antiguos de peleas de perros, se les hacía aguantar hambre por uno o dos días antes de la pelea para hacerlos bravos. Este secreto para desarrollar relaciones humanas exitosas funciona no sólo con personas problemáticas, sino también con personas normales. Las personas son más agradables, más comprensivas, más cooperativas, si alimentas su ego... no con adulaciones hipócritas, sino con cumplidos genuinos y halagos reales.

Trata de encontrar pequeñas cosas que elogiar en otras personas. Busca buenos puntos en aquellos con quienes te relacionas, puntos en qué elogiarlos. Desarrolla el hábito de brindar por lo menos cinco elogios cada día y verás cómo se suavizan tus relaciones con los demás.

En la segunda parte de este libro vamos a mirar casos específicos de cómo *aplicar* este conocimiento de la naturaleza humana a situaciones cotidianas. Pero no esperes los detalles. Comienza ahora mismo a pensar cuáles van a ser tus propios métodos para AYUDAR A QUE LA OTRA PERSONA SE AGRADE A SÍ MISMA UN POCO MÁS. Y no intentes aplicar este conocimiento de una manera superior o protectora. Si lo haces, se notará, y tu presunción de superioridad sólo rivalizará.

Recuerda esta primera Ley de las relaciones humanas al leer el resto del libro. La verás en muchos de los casos que presentaremos más adelante y te permitirá entender por qué funcionan los diferentes métodos presentados.

La primera Ley de las relaciones humanas se puede resumir así: "Las personas se comportan, (o no lo hacen), en gran parte para mejorar su propio ego". Cuando intentes persuadir a alguien para que se comporte de cierta manera, y la lógica y la razón fallen, trata de darle una "razón" que eleve su ego. Usualmente se nos dice que "apelemos a la razón" y que "razonemos con los niños". Pero cuando se trata de hacer que las personas se comporten de cierta manera, la palabra *razón* significa una "razón que aumentará el ego".

El mismo principio funciona en niños y en reyes

Funciona con las esposas. Funciona con los esposos, los hijos, los meseros, los recepcionistas de hoteles, incluso con reyes.

Cuando el General Oglethorpe quiso obtener el permiso del Rey de Inglaterra para fundar una colonia en el Nuevo Mundo, por muchas semanas intentó convencerlo con toda clase de "argumentos lógicos". Pero el rey no estaba interesado. Oglethorpe apeló a su humanidad e hizo toda clase de apelaciones con lo que él consideraba que eran "buenas razones". Pero eso no movió al rey. Finalmente Oglethorpe decidió cambiar de estrategia. En su siguiente audiencia con el rey, Oglethorpe comenzó tratando de vender la idea de lo bueno que sería para Inglaterra tener una colonia en el Nuevo Mundo, qué cosa más gloriosa sería plantar la bandera inglesa en el nuevo territorio.

"Pero nosotros ya tenemos colonias en el Nuevo Mundo", dijo el rey. *"Es cierto, Señor",* dijo Oglethorpe, *"pero ninguna de ellas tiene su nombre".*

El rey se puso de pie y prestó atención. No sólo le dio permiso para establecer la nueva colonia llamada Georgia, sino que financió todo el proceso e incluso ayudó a poblarla liberando escoceses que le debían dinero a la corona.

Dale al otro individuo una razón personal para ayudarte

Hace poco tiempo estuve en una ciudad del Sur en donde se estaba desarrollando una convención nacional y algunos negocios inesperados hicieron que me quedara esa noche. Di algunas vueltas buscando un hotel donde ya antes me había hospedado y finalmente logré abrirme paso por entre la gran cantidad de personas que estaban alrededor de la recepción tratando de obtener una habitación.

"Caramba Les", dijo el empleado disculpándose, "debiste habernos dicho que venías. Me temo que no hay mucho que pueda hacer por ti en estas circunstancias".

"Sin duda tenemos un problema", le respondí, "pero, de todos los trabajadores de hoteles de esta ciudad, sé que solo hay alguien que puede hacerlo, y ese eres tú. Y no tengo necesidad de buscar más, porque si *tú* no puedes conseguirme una habitación, mejor planeo dormir en el parque".

"Bueno", dijo, "no lo sé. Pero espera unos 30 minutos y déjame ver qué se me ocurre o si puedo hallar una solución". El resultado fue que él recordó que había una pequeña sala muy bien amoblada y que por lo general era utilizada para conferencias informales, la cual fácilmente podía ser adaptada como habitación, tenía su propio baño y solo era necesario poner una cama. Yo obtuve mi habitación y él obtuvo un sentido de logro y mejoró su ego al demostrarnos a los dos que "si alguien podía hacerlo, ese era él".

EL CAPÍTULO 2 EN POCAS PALABRAS

1. Todos somos egotistas.

2. Todos estamos más interesados en nosotros mismos que en cualquier otra cosa en el mundo.

3. Todas las personas que conoces quieren sentirse importantes, y "lograr algo".

4. En todo ser humano hay un anhelo de aprobación.

5. Un ego hambriento es un ego mezquino.

6. Dale satisfacción al hambre de autoestima de la otra persona, y ella automáticamente será más amigable y agradable.

7. Jesús dijo: "Ama a tu prójimo como a ti mismo". Los psicólogos ahora nos dicen que si no te amas a ti mismo en el sentido de tener un sentimiento de autoestima y respeto propio, es imposible que te sientas amigable hacia tu prójimo.

8. Recuerda: BA/EFP significa Baja Autoestima Equivale a Fricción y Problemas.

9. Ayuda a que la otra persona se agrade más a sí misma y harás que sea más fácil la interacción.

10. Las personas se comportan, (o no lo hacen), en gran parte para mejorar su propio ego.

3

CÓMO APROVECHAR TUS BIENES OCULTOS

Todo ser humano es un millonario en términos de relaciones humanas. La tragedia es que muchos de nosotros acumulamos esta riqueza o la repartimos con tacañería. O peor aún, ni siquiera sabemos que la tenemos.

Durante la Segunda Guerra Mundial, cuando la gente sufría de hambre, la escasez de carne hizo del carnicero la persona más popular en la comunidad.

De la misma manera aquellos con quienes tienes contacto a diario tienen hambre y sed de un alimento que tú podrías darles.

Una de las necesidades más universales es el hambre de importancia. Sentir que los demás confirman tu valor como ser humano, sentirte apreciado, ser notado.

De ti depende añadirle valor a los sentimientos de valía de cada individuo. De ti depende hacer que los demás se sientan un poco mejor con sigo mismos, hacer que el otro se sienta apreciado y aceptado.

En resumen, tú tienes el pan para esta hambre humana.

Trata de regalar tus riquezas

La forma más rápida para mejorar tus relaciones humanas es comenzar a regalar esa fortuna. No seas tacaño con ella. No la repartas como limosna. No tengas favoritismos. No te cuesta nada, y no creas que se te va a agotar. No trates de intercambiarla ni negociar con ella. No la uses para sobornar a otros y obtener lo que quieres. Repártela indiscriminadamente, y al hacerlo no te preocupes por obtener lo que quieres de los demás. Pero cuando eches este pan sobre las aguas, por así decirlo, siempre volverá a ti multiplicado muchas veces.

Todos tienen necesidad de este alimento

No cometas el error de suponer que sólo porque alguien sea exitoso o famoso, no necesita sentirse importante.

La amabilidad, la cortesía y lo que llamamos "modales", se basan en esta necesidad universal que tenemos de sentir que valemos como individuos.

La amabilidad y la cortesía sólo son formas de *reconocer* la importancia de la otra persona.

¿Recuerdas los titulares en los medios cuando un Primer Ministro de un país extranjero solicitó una cita con un oficial del Gabinete en Washington? Tuvo que arreglárselas para llegar a la oficina, luego tuvo que anunciarse con la secretaria del funcionario del Gabinete, y finalmente decidió esperar cinco minutos más después de la hora acordada. ¿Recuerdas el revuelo que esto causó en los círculos diplomáticos cuando, después de cinco minutos de espera, este Primer Ministro se fue diciendo: "Después lo veremos"?

¿Acaso era tan valioso su tiempo que no podía darse el lujo de esperar cinco minutos? Probablemente no. ¿Será posible que algo tan pequeño podría echar a perder meses de duro trabajo para establecer buenas relaciones con este país extranjero? Aparentemente eso es lo que creen los expertos, dada la manera como se apresuraron a remediar la situación.

Una cualidad que tienes en común con todo el mundo. Cada una de las personas que está leyendo este libro es diferente de la otra. Vive de manera diferente, se viste diferente, tiene gustos diferentes, es diferente. Pero hay algo que todos tenemos en común.

No sólo necesitamos sentirnos importantes: *necesitamos sentir que los demás reconocen y ven nuestra importancia.* De hecho, lo que necesitamos es que los demás nos ayuden a sentirnos importantes y a reafirmar nuestro sentido de valor personal. Porque nuestros sentimientos acerca de nosotros mismos son en gran medida el *reflejo* de los sentimientos que otros tienen, o parecen tener hacia nosotros. Absolutamente nadie puede mantener por mucho tiempo sus sentimientos de dignidad y valor, tan necesarios para su bienestar, si todos los que lo conocen lo tratan como si fuera "nadie" y sin valor.

Esto explica por qué las llamadas pequeñeces, es decir aquellas acciones aparentemente sin importancia, terminan por tener tremendas consecuencias en el campo de las relaciones humanas.

Después de todo, preguntarás: ¿qué son cinco minutos? En realidad, el tiempo de cinco minutos, como tiempo, no era de gran importancia. Lo importante, dadas las circunstancias, era lo que comunicaban esos cinco minutos. La espera de cinco minutos comunicaba, o por lo menos parecía decir: "Esta reunión no es de mucha importancia para mí. Creo que reunirme con usted es casi como algo de rutina. Encontrarme con usted no tiene mucho valor para mí".

¿Alguna vez has leído las razones que la gente suele dar para divorciarse? Algunas parecen divertidas.

"Él siempre se quedaba mirando a otras mujeres cada vez que salíamos".

"Él siempre se divertía diciéndole a los demás lo tonta que era yo con el dinero".

"Ella intencionalmente quemaba mis tostadas todas las mañanas, sólo porque sabía que odio las tostadas quemadas".

"Ella armaba todo un problema por alimentar al gato antes de darme la comida a mí". *Parecen* pequeñeces. Pero cuando se repiten todo el tiempo, y constantemente se les da a entender a los demás que "no creo que seas muy importante", en realidad se convierten en "enormes minucias".

Recuerda que sólo se necesita una chispa para iniciar una gran explosión. Y las pequeñeces que haces o dices pueden generar una reacción en cadena con alcances atómicos.

Debes "reconocer" a la otra persona

Los gobiernos en sus tratos diplomáticos con otros países, hablan de "reconocer" al otro país, o de "darle reconocimiento". "Reconocimiento" quiere decir que el otro país es considerado como un gobierno "real", de buena fe.

Podemos aprender una buena lección de esto en nuestras relaciones diplomáticas con otros seres humanos ya que para tener éxito en el trato con los demás, también debemos "reconocerlos" como seres humanos "reales" y con buena fe.

J. C. Staehle, después de analizar muchas investigaciones, encontró que las siguientes son las principales causas de inconformidad entre trabajadores, enumeradas en orden de importancia:

1. No darles crédito a sus sugerencias.
2. No corregir las quejas.
3. No animar.
4. Criticar a los empleados delante de otros.
5. No pedir la opinión de los empleados.
6. No informar a los empleados acerca de su progreso.
7. El favoritismo.

Observa que cada uno de los puntos tiene que ver con el no reconocer la importancia del empleado. El no dar crédito por el trabajo dice: "Tu trabajo no es muy importante". El no corregir las quejas dice: "Eres tan poco importante que tus quejas no me interesan nada", y así sucesivamente.

Tres formas de hacer que las personas se sientan importantes

1. *Piensa que los demás son importantes*

La primera regla de todas, y la más fácil de aplicar, sencillamente es convencerte de una vez por todas de que los demás *son* importantes. Hazlo y tu propia actitud alcanzará a la otra persona, incluso cuando no lo estés "intentando". Es más, esto elimina la necesidad de "trucos" y pone tus relaciones humanas en una base sincera. Puedes probar normas y trucos hasta ponerte azul, pero no funcionarán si lo haces con ironía. No puedes hacer que una persona se sienta importante en tu presencia si en el fondo sientes que ella no es nadie.

¿Después de todo, qué en la Tierra es tan importante como las personas? ¿Qué puede ser tan interesante?

Una muy buena razón por la cual todo el mundo es importante. Anteriormente en este libro mencionamos lo que Henry Kaiser llama la regla número uno para llevarse armoniosamente con otras personas: tan sólo reconoce que todas y cada una de las personas que conoces es un hijo de Dios y eso la hace importante.

El Dr. J.B. Rhine, de la Universidad Duke, ha dicho prácticamente lo mismo en términos más científicos. Él y sus asociados, durante un periodo de más de 20 años, hicieron experimentos científicos que demuestran que hay algo "extra-físico" en el ser humano. En otras palabras, los científicos nos están diciendo que, por medio de experimentos controlados, se ha demostrado que el ser humano es más que una máquina de carne y hueso, que es más que sólo un "animal" físico.

El Dr. Rhine dice que cuando estos hallazgos sean reconocidos y aceptados de forma general, cambiarán para bien nuestra manera de relacionarnos unos con otros. En su libro, *The Reach of the Mind*[1], él dice:

---

1. New York: William Sloane Associates, Inc., 1947.

"La manera como tratamos a las personas depende obviamente de *lo que pensamos que son*, así como la manera como tratamos todo lo demás. Cualquier otra forma no sería racional. Nuestros sentimientos hacia el prójimo dependen de nuestras ideas y nuestro conocimiento acerca de ellos. Por un lado, mientras tengamos la tendencia a verlos como determinados sistemas físicos, es decir, robots, máquinas o cerebros, más nos permitiremos tratarlos sin sentimientos y de forma egoísta. Por otro lado, entre más apreciemos su vida mental como algo único en la naturaleza, algo más original y creativo que las simples relaciones espacio-tiempo-masa, más nos interesaremos en ellos como personas, y más nos inclinaremos a respetarlos y considerar sus puntos de vista y sentimientos. Nuestros tratos interpersonales se elevan a un nivel de interés mutuo, de entendimiento, de compañerismo".

Aquellos que *creen* que las personas son importantes, son aquellos que ejercen la mayor influencia sobre los demás.

2. *Nota a los demás*

Ésta es otra norma sencilla y elemental.

¿Alguna vez has pensado en el hecho de que sólo "notas" lo que es importante? De hecho, nunca ves una centésima parte de lo que te rodea, eliges prestarle atención sólo a aquellas cosas que son importantes para ti. Es muy probable que cinco personas que salgan a dar una caminata el domingo por la tarde "vean" o noten cinco cosas diferentes, sencillamente porque tienen intereses diferentes. Un comerciante le prestará atención a las tiendas y en su mente calculará la renta que ha de pagar cada una de ellas. Un contratista de carreteras notará el estado del pavimento y verá que está en muy mala condición. Su esposa observará los vestidos nuevos en las vitrinas. Su hijo de ocho años verá las palomas y deseará haber traído su resortera y así sucesivamente.

Cómo hacer que los demás trabajen más. Inconscientemente todos sabemos que notamos sólo lo que nos importa.

Por tal razón, cuando alguien nos "nota", nos está haciendo un gran halago. Nos hace saber que reconoce nuestra importancia. Le da un gran impulso a nuestra moral. Así nos hacemos más amigables, cooperamos más, y de hecho, trabajamos más.

En 1949, los psicólogos del Centro de Investigaciones de la Universidad de Michigan en Ann Arbor, Michigan, iniciaron un estudio científico que todavía sigue en curso. Ellos querían saber qué lleva a las personas a trabajar más duro, qué las hace producir más y mejores resultados. Y han encontrado que el jefe que se interesa en sus subalternos logra que ellos produzcan más, comparado con los jefes autoritarios que tratan de forzarlos a trabajar más.

Science Newsletter, al informar sobre los hallazgos de estos científicos[2], dijo: "Ejercer presión para obtener producción funciona hasta cierto grado. Pero los mejores resultados se logran cuando las motivaciones internas de un trabajador se aprovechan, así como su propia expresión, autodeterminación y sentido de valor personal. Una persona trabaja mejor cuando la tratan como a una celebridad, cuando se le da algún grado de libertad en la manera de hacer su trabajo y cuando se le permite tomar sus propias decisiones".

Cómo retener a otros. Durante la Segunda Guerra Mundial, la rotación de personal era muy elevada en la planta de producción de Harwood Manufacturing Corporation en Marion, Virginia. Lograr que las personas permanecieran en un cargo era un problema. Para resolverlo, el presidente contrató a un psicólogo, quien, conocedor de la naturaleza humana, estableció un programa para *darles atención individual* a los empleados nuevos y hacerlos sentir que la empresa reconocía su importancia.

---

2. *Science Newsletter*, Abril 16, 1949.

Para comenzar, un funcionario del área de Personal entrevistaba al nuevo empleado y le explicaba las generalidades de la planta de producción y cómo su nueva posición hacía parte de ese cuadro. Luego, pasaba a encontrarse con un consejero de "trabajo" quien se comportaba como un amigo del nuevo empleado. Le explicaba cuál iba a ser su trabajo, le enseñaba cómo hacerlo y le presentaba a sus "compañeros". ¡Al poner en práctica este plan, la rotación de personal se redujo casi a cero!

Un secreto para llevarse bien con los niños. Los niños anhelan ser notados. Las frases "¡Mira, mamá, mira! y Papá, ven a mirarme", son familiares para todos los padres. Al pequeño Johnny no sólo le alegra ir a nadar. Él quiere que papá "vaya a verme nadar". Estos deseos de ser notados son directos.

Pero los niños suelen pedir atención de maneras más sutiles. La pequeña Susie puede considerar que la única manera segura de lograr toda la atención de su madre sea la de rehusarse a comer cuando va a la mesa. Y si, a pesar de los esfuerzos, la madre y el padre de Johnny se rehúsan a "mirar", él puede llegar a extremos innecesarios, como patear una lámpara o torcerle el brazo a su hermana.

Cómo curar el mal comportamiento de los niños. La Dra. Ruth Barbee, conocida experta en relaciones familiares, asegura que aproximadamente el 90% del llamado "mal comportamiento" en niños pequeños es sencillamente su método para ser "notados" cuando no hay otra manera de recibir la atención que quieren. Y dice también que la mayoría de los malos comportamientos, y muchos de los llamados malos hábitos como el chuparse el dedo y la enuresis, se curarían rápida y sencillamente con sólo darle al niño más atención y tiempo.

Los criminólogos opinan que muchos de los delitos, especialmente los más impactantes, son cometidos por personas cuyo deseo de ser vistos nunca fue satisfecho. El criminal sale y hace algo espectacular que lo pone en las primeras planas de los titulares y se dice a sí mismo: "Ahora supongo que todo el mundo se va a detener a mirarme".

La queja más común entre esposos. De vez en cuando alguien hace una encuesta sobre esposos y esposas para saber cuáles son las quejas más frecuentes que tienen el uno del otro.

Inevitablemente, de una u otra forma, "la falta de atención" encabeza la lista. Muchos esposos no logran entender por qué hieren los sentimientos de una esposa por no notar su nuevo sombrero o su nuevo corte de cabello. Pero la esposa sabe que si él no nota el nuevo sombrero, eso quiere decir que no la ha mirado, que en realidad no le ha prestado ninguna atención especial. Así que esto quiere decir que él no la considera lo suficientemente importante como para prestarle mucha atención.

Cómo agradar a tus clientes. Una de las agentes de ventas más exitosas que conozco, nunca le pregunta a una mujer: "¿Qué talla usas?". En lugar de eso, ella mira de cerca a su cliente y dice: "Veamos, a ti te debe quedar una talla 14". La clienta se siente bien porque está siendo notada, pero en realidad no sabe por qué. Si es una dama obesa a quien le queda una talla 46, la vendedora "adivina" unas dos tallas más abajo. Cuando la cliente dice: "No, a mí no me queda una talla 46", ella dice con sorpresa, "Bueno, nunca habría adivinado".

Aquí ella usa la misma norma a la inversa, al *no notar* algo que afectaría sus sentimientos de importancia ante la otra persona.

Pon el foco sobre todos. Cuando trates con un grupo, trata de prestarles atención a todos, mientras sea práctico.

Si estás tratando con un hombre que está en compañía de su esposa, préstale *algo de atención a la esposa*. No exageres dirigiendo todas tus observaciones hacia ella ya que eso haría que el esposo se sintiera menos. Pero tampoco la ignores. Muestra que *reconoces* su presencia. Así ella te ayudará a venderle tus ideas a su esposo.

Si estás tratando con un comité u otro grupo de personas, por lo menos recuerda reconocer su presencia como individuos. Míralos cuando hablen así como cuando tú estés hablando. De nuevo, no exageres. Si lo haces, afectarás la importancia del presidente o del líder del grupo. Súmale a su propia importancia el hacerle saber que lo reconoces como líder. Pero es probable que necesites el respaldo y la buena voluntad de la mayoría del grupo, no sólo del líder. Es sorprendente la poca atención que cada persona requiere para hacerle sentir que la consideras importante.

3. No ejerzas dominio sobre las personas

La tercera regla básica para dejar que otras personas sepan que reconoces su importancia es una que requiere algo de cuidado. Como *tú* eres un ser humano y *tú* tienes la misma necesidad de sentirte importante, así como todos los demás, pero debes tener cuidado de no usar esta característica elemental de la naturaleza humana en tu contra.

La característica elemental de la naturaleza humana con la que nos relacionamos es sencillamente que "todos necesitamos sentirnos importantes y sentir que los demás reconocen nuestra importancia". Este rasgo es neutral en sí mismo. Puedes usarlo para tu propio beneficio o en tu contra, así como puedes usar un cuchillo para esparcir mantequilla en tu pan o para cortar tu garganta.

La tentación de exponer nuestra propia importancia siempre está presente cuando nos relacionamos con otros. Consciente o inconscientemente, queremos dar una buena impresión. Si alguien habla de alguna gran hazaña que haya hecho, de inmediato pensamos en algo mayor que hayamos hecho nosotros. Si alguien cuenta una buena historia, de inmediato pensamos en alguna que la pueda superar. A menudo estamos tan ansiosos de impresionar a la otra persona con nuestra propia importancia que nos disponemos a hacerla sentir menos, de modo que nos haga ver más grandes a nosotros. "Mi papá puede derrotar al tuyo", dice el pequeño Jimmy Smith. Y el padre de Jimmy puede cometer el mismo error pero con otras palabras, al hablar con su vecino.

Una norma sencilla te ayudará a superar esta desventaja. Sólo recuerda este hecho que ha sido probado y demostrado.

Quieres darle una buena impresión a la otra persona. Pero la manera más efectiva jamás descubierta para impresionar al otro es hacerle saber que te ha impresionado.

Hazle saber que *él* te ha impresionado, y él te considerará como una de las personas más inteligentes y más agradable que jamás haya conocido. Trata de enseñorearte de él, respondiendo con un "¿Ah sí?" o "¿No esperas que crea eso?" y quedará firmemente convencido de que eres un tonto que no conoce su entorno.

El joven Joe Doakes sale con dos chicas. Una de ellas se sienta a escucharlo hablar de su trabajo, sus ambiciones, lo que ha hecho y quiere hacer, y está muy interesada. Queda casi con la boca abierta y dice: "Qué maravilloso" o "¿Cómo pudiste hacer eso?". La segunda chica dice: "Ah, eso no es tan grandioso. Yo misma podría hacerlo mejor".

¿Cuál de las dos va a causar la mejor impresión? ¿A cuál de las dos Joe considerará como la más inteligente?

Darle a la otra persona un sentimiento de importancia, haciéndole saber que estás impresionado, no significa que vas a perder algo. Esto tampoco quiere decir que debes adularla, reverenciarla o hacerte servil. Sencillamente quiere decir que deberías respetarla y darle un sentido de pertenencia.

Cómo saber cuándo corregir a otra persona. Usualmente cuando contradecimos o corregimos a alguien, en realidad no es con la intención de crear problemas, sino sólo para aumentar nuestro sentimiento de importancia a costa de alguien más.

Otra buena norma a implementar antes de contradecir a alguien, es preguntarte: "¿Hace alguna diferencia *real* el que esta persona tenga o no la razón?".

Si dice que el arma no está cargada, y tú sabes que sí lo está, contradícela.

Si dice que la botella tiene esmalte para uñas y sabes que tiene nitroglicerina, corrígela.

Pero si dice que el Sol está a 83 millones de millas, ¿qué diferencia hay en que la cifra sea incorrecta?, a menos que seas un astrónomo o un matemático y la cifra exacta cambie tu problema.

No intentes ganar todas las pequeñas batallas. Hace poco tiempo tuve una cena con el propietario de un pequeño restaurante y un conocido contador. Durante la conversación, el hombre del restaurante dijo: "No intento ganar demasiado dinero porque si ganas $100.000 estás entre el grupo del 90% y el gobierno sólo te permitirá conservar $10.000, mientras que si sólo ganas $30.000, puedes conservar $15.000".

Yo miré al contador. Pero ni siquiera parpadeó.

Después le pregunté: "¿Por qué no lo corregiste?".

"Me sorprende tener que decírtelo, Les", dijo. "No lo corregí sencillamente porque no habría servido para nada, excepto para hacerlo sentir menos. Qué diferencia hace el corregirlo o no. Él *quiere* creerlo. Si ganara $100.000 al año y yo estuviera preparando su declaración de impuestos, lo habría corregido, pero como él no gana $100.000 y no hay nada en juego más que su propio ego, ¿por qué molestarse?".

EL CAPÍTULO 3 EN POCAS PALABRAS

1. No seas tacaño cuando se trate de alimentar el hambre de importancia.

2. No subestimes las "pequeñas cortesías" como llegar a tiempo a una cita. Mediante cosas así de pequeñas es que reconocemos la importancia de otra persona. Desafortunadamente solemos ser más corteses con los extraños que con nuestros familiares. Intenta tratar a tu familia y a tus amigos con la misma cortesía que les muestras a los extraños.

3. Recuerda que los demás son importantes y ellos verán tu actitud.

4. Comienza hoy, empieza a notar más a los demás. Préstale atención al hombre o al niño, y harás que se sientan importantes.

5. No te enseñorees de las personas, ni intentes aumentar tu propio sentimiento de importancia haciendo que los demás se sientan menos.

SEGUNDA PARTE

CÓMO CONTROLAR LAS ACCIONES Y LAS ACTITUDES DE LOS DEMÁS

4. Cómo controlar las acciones y las actitudes de los demás

5. Cómo crear una buena impresión ante los demás

4

CÓMO CONTROLAR LAS ACCIONES Y LAS ACTITUDES DE LOS DEMÁS

¿Recuerdas la historia de Svengali, el hipnotizador que controlaba las acciones y el comportamiento de otros mediante un misterioso poder?

Probablemente te sorprenda saber que cada uno de nosotros, a su manera, es un Svengali en algún grado... No es que tengamos un poder misterioso como para hipnotizar, sino que todos ya tenemos ese poder para ejercer control sobre las acciones y actitudes de los demás. El único problema es que no *sabemos* que lo ejercemos y a menudo lo usamos en nuestra contra en lugar de hacerlo a nuestro favor.

Algunos cuestionan la idea de "controlar" las acciones de quienes nos rodean pero cuando entiendas la Ley de la psicología acerca de la cual quiero hablarte en este capítulo, verás que en realidad no tenemos elección. Cada uno de nosotros ejerce una influencia constante y controla las acciones de aquellos con quienes tiene contacto. La única opción que tenemos es esta: ¿la usaremos para bien o para mal? ¿Para nuestro beneficio o en nuestra contra?

Por ejemplo, de seguro te sorprenderá saber que el 95% de las veces que te han tratado con descortesía, te han hecho un desaire, o cuando alguien se ha comportado de forma "irracional" contigo, es porque tú, literalmente, "lo pediste". Estabas controlando las acciones de la otra persona y de hecho, *le pediste que te tratara así.*

Cómo adoptar la actitud y las acciones que quieres que la otra persona exprese

Hay una ley psicológica que lleva a los seres humanos a reaccionar y responder de la misma manera ante las actitudes y las acciones expresadas por quienes les rodean. No tiene nada de misterioso, excepto los asombrosos resultados que surgen cuando empiezas a poner en práctica esa ley. Tiene sentido. Todo el mundo quiere hacer lo correcto, "estar a la altura". Hacemos nuestra parte en la vida de acuerdo con la escena que se presenta delante de nosotros. Hay una urgencia inconsciente por "estar o no estar a la altura" de las opiniones que los demás parecen tener de nosotros.

Si de antemano decides que va a ser difícil relacionarte con determinada persona, quizás te acerques con una actitud un tanto hostil, teniendo los puños cerrados en tu mente, listo para pelear. Al hacerlo, literalmente alistas el escenario para que esa persona actúe de la misma manera, así que ella se pone a la altura, actúa la parte que le has asignado y luego te vas convencido de que en realidad sí era un "cliente difícil", sin nunca entender que tus propias acciones y actitudes así lo hicieron.

Al relacionarte con otros, su comportamiento refleja nuestras propias actitudes. Es casi como si estuvieras ante un espejo. Cuando sonríes, la persona en el espejo sonríe; cuando frunces el ceño, la persona en el espejo frunce el ceño; cuando gritas, la persona en el espejo también grita. Pocos entienden lo importante y predecible que es esta Ley de la psicología. No son sólo palabras dulces acerca de cómo deberíamos comportarnos. Podemos llevar dicha ley a un laboratorio de psicología y estudiarla sin pasión y a sangre fría, como cualquier ley natural.

Cuando te gritan, reaccionas gritando

La Unidad de Investigación de Discursos de Kenyon College, Junto con la Armada de los Estados Unidos, demostró que cuando se le grita a una persona, ella sencillamente no tiende a hacer más que devolver el grito, incluso cuando no ve con quién está hablando.

Se hicieron pruebas con teléfonos e intercomunicadores para determinar cuál era el mejor grado de intensidad de sonido para dar instrucciones y órdenes. El que hablaba hacía preguntas sencillas, cada una en un grado de intensidad diferente. Sin falta, las respuestas llegaban con la misma intensidad. Cuando la pregunta era suave, la respuesta que llegaba era suave. Cuando la pregunta era fuerte, la respuesta era fuerte.

Pero lo asombroso de las pruebas fue descubrir que quienes estaban en el lado receptor casi *en ningún caso evitaron* ser influenciados por los tonos de quien hablaba. *No importaba cuánto se esforzaran*, sus propios tonos aumentaban o se suavizaban en la misma proporción según el tono o la suavidad de quien hablaba.

Cómo controlar la ira en los demás

De hecho, puedes usar este conocimiento científico para evitar el enojo en otra persona, si empiezas a tiempo. La técnica está basada en dos elementos bien conocidos de la psicología. Uno es el experimento que acabamos de describir: con tu propio tono de voz controlas el de tu interlocutor. El otro es este: si hablas duro porque estás enfadado, o si estás enfadado por hablar duro, es como preguntar "¿Qué fue primero, el huevo o la gallina?". Puede ser de cualquier manera, pero algo es cierto: entre más fuerte hables, más enojado estarás. La psicología ha demostrado que si *mantienes tu voz en un tono suave* no te vas a enojar y ha aceptado como científico el viejo mandato bíblico: "La blanda respuesta aplaca la ira".

Si conoces estos dos aspectos, es posible controlar las emociones del otro en un grado asombroso. Cuando te encuentres en una situación explosiva, en uno de esos "momentos tensos" que en cualquier momento suelen salirse de las manos, intencionalmente baja el tono de tu voz y mantenlo suave. Esto obligará de forma radical a quien está contigo a mantener suave también el suyo y no podrá enojarse ni dejar que sus emociones actúen mientras mantenga su voz modulada en un tono suave. Si esperas hasta que la otra persona se enoje, no va a funcionar, pero si usas esta técnica, mantendrás alejada la ira antes de que llegue.

El entusiasmo es contagioso

¿Quieres que los demás se emocionen con tus ideas, los bienes que estás vendiendo, tus planes? Entonces recuerda la Ley de la psicología que dice:

Adopta la actitud y las acciones que quieres que los demás te expresen.

El entusiasmo es más contagioso que el sarampión, así como la indiferencia y la falta de entusiasmo. ¿Alguna vez has llegado a una tienda en donde los vendedores están perezosamente inclinados sobre los mostradores con una aburrida mirada de indiferencia en sus caras? ¿Alguna vez le has hecho a un vendedor una pregunta acerca de una mercancía y la respuesta que has recibido es un aburrido "no sé", el cual lleva implícito más bien un "no me importa"?

Es muy probable que esa actitud no te haya agradado y que te hayas ido sin comprar nada, sin ni siquiera saber por qué. Pero analízalo y verás que de hecho fue el vendedor quien te *volvió* indiferente y te hizo perder cualquier interés que hubieras tenido. De manera inconsciente te estabas diciendo: "Bueno, si la persona que vende esta mercancía ya no se emociona con la misma, entonces tampoco vale la pena que yo me entusiasme".

Cómo cometer un asesinato de ventas. Hace poco fui a la sección de artículos deportivos de una gran tienda por departamentos queriendo comprar una caña de pescar y un carretel. No suelo pescar, pero mi interés se despertó después de leer algo sobre las nuevas cañas y escuchar un poco acerca de ellas. Sin embargo ese interés murió en un segundo ante la falta de interés que mostró el vendedor.

"¿Estos equipos de pesca de verdad son todo lo que dicen ser?". Pregunté.

"Ahh, supongo que sí", dijo. "Todo el mundo tiene su propia opinión, ¿le gustan?".

"No sé nada al respecto".

"¿Son muy populares?".

"Algunas personas los compran. Así que no sé. Entiendo que son buenos para un aficionado porque no se devuelven".

Finalmente salí sin comprar nada. "Debe tener algún problema con ellos", pensé, "o habría tratado de venderme uno".

Pocas semanas después me encontré en Florida y tuve la oportunidad de salir a pescar durante el fin de semana. Fui a una tienda de pesca y pedí que me organizaran una caña.

"Supongo que usted quiere un equipo para spinning", dijo el hombre detrás del mostrador.

"Bueno, no sé", dije. "El spinning es más que todo para aficionados, ¿correcto?".

Él se quedó mirándome como si estuviera muriéndose del susto, y preguntó: "¿Señor, a usted no le gusta la pesca tipo spinning?".

"Bueno", respondí, "nunca la he practicado".

"Al que no le guste ese tipo de pesca, debe estar loco de remate", respondió.

Ahora, este anciano nunca ganaría la medalla a la diplomacia. Pero su total y sincero entusiasmo por la pesca tipo spinning eliminó cualquier brusquedad en sus palabras. Él estaba "convencido" por completo, de modo que también me convenció a mí. Todo lo que hice fue reírme y decir: "Bueno, prepáreme un equipo de spinning".

Esto nos conduce a otra fase de control sobre las acciones de los demás. Nunca le vendas algo a alguien a menos que estés convencido del valor que tiene. Cuando estás convencido, y la otra persona *sabe* que así es, entonces lo querrá. Ve un paso más allá y convéncele de la idea de que *lo va a comprar* y se verá casi *forzado* a comprar lo que estás vendiendo.

El mejor testimonio que jamás haya encontrado para demostrar que es posible controlar el entusiasmo de los demás es el libro de Frank Bettger, *How I Raised Myself from Failure to Success in Selling*[1]. Bettger fue un fracaso hasta la edad de 29 años. Casi se estaba muriendo de hambre cuando por primera vez intentó vivir de las ventas. Luego se propuso *ser* entusiasta. Dejó de intentar entusiasmar a otros acerca de su producto mediante un ataque directo y frontal. En lugar de eso, se concentró en ser entusiasta. Y, a medida que fue volviéndose entusiasta, vio que los demás también se entusiasmaban y compraban lo que él vendía. Llegó a ser uno de los vendedores con mayor éxito que este país haya producido jamás.

La confianza genera confianza: cómo aprovecharla al máximo

Así como entusiasmarás a otros si eres entusiasta, si te comportas con confianza también lograrás que otros tengan confianza en ti y en tu propuesta.

Es una triste verdad que muchos hombres de habilidad mediocre logran más que otros que tienen talentos sobresalientes, sólo porque saben cómo *actuar con confianza*.

Todos los grandes líderes de la humanidad han aprendido la importancia que tiene el actuar de forma confiada. Napoleón, aunque a lo mejor en muchos otros aspectos no sea un gran ejemplo de buenas relaciones humanas, sí conocía la magia del comportamiento confiado y la usaba sin control. Después de su primer exilio, cuando el ejército francés fue comisionado para atraparlo, no huyó ni se escondió. En lugar de eso, salió lleno de audacia a su encuentro. Un hombre contra un ejército. Pero su extrema confianza en que él estaba a cargo de la situación, hizo magia. Se

---
[1]. New York: Prentice-Hall, Inc., 1949.

comportó como si esperara que el ejército siguiera *sus* órdenes, y los soldados marcharon detrás de él.

La historia de Hilton. En sus primeros años Conrad Hilton tenía más confianza que dinero. De hecho, casi que el único capital que tenía era la reputación de cumplir su palabra y la capacidad de inspirar en otros la misma confianza que él tenía en sus planes. Sin importar las probabilidades o los obstáculos, Hilton siempre *se comportó como si el fracaso fuera algo imposible*, y ese mismo comportamiento, como si fuera magia, inspiró a otros a creer que él no fallaría. El primer hotel de primera clase que tuvo Hilton fue iniciado con menos de $50.000 dólares de su propio dinero. Cuando su madre lo encontró haciendo planes y le preguntó qué estaba haciendo, él dijo que estaba planeando un hotel bien grande. "¿Y de dónde saldrá el dinero?", preguntó ella.

"De aquí", le contestó Hilton, señalando su cabeza. Agotando todas las fuentes posibles, logró recaudar casi medio millón de dólares en capital. Pero cuando los arquitectos le dieron un presupuesto para el hotel que quería construir, le dijeron que por lo menos costaría un millón. Sin vacilar dijo: "Hagan los planos".

Luego Hilton comenzó a construir el hotel sin tener la más mínima idea de dónde saldría el dinero para terminarlo. Pero como él no sólo hablaba de construir un hotel de un millón de dólares, sino que de hecho se comportaba como si hablara en serio, otras personas se convencieron de que "Connie podía hacerlo", e invirtieron su dinero.

Henry Ford financió su empresa en sus inicios haciendo uso en gran parte del comportamiento confiado. Tenía a la mano la mayor cantidad de efectivo posible. Cuando los inversionistas y prestamistas estaban cerca de él, de una u otra forma les hacía saber cuánto dinero tenía en efectivo. No se molestaba en decirles que casi todos sus activos estaban en efectivo. Más de una vez se vio contra la pared, pero al comportarse como alguien que no iba a fallar, y como si fuera todo un triunfador, inspiró a otros con la misma confianza.

John D. Rockefeller hizo uso de la misma técnica. Cuando un acreedor lo buscaba y utilizando la sutileza le sugería que pagara sus cuentas, Rockefeller sacaba su chequera con un ademán. "¿Qué prefiere?", preguntaba, "¿efectivo o acciones ordinarias en petróleo?". Se veía tan calmado y confiado que casi todos decidían recibir acciones en su compañía, y nadie nunca se arrepintió.

El dinero en el banco para los vendedores

Hace poco, Bob Whitney, Presidente de Ejecutivos de Ventas Nacionales, en la ciudad de New York, me dijo: "Les, el comportamiento confiado por parte de un vendedor es como tener dinero en el banco. Actúa confiado. Muéstrate seguro de ti mismo y verás que comienzas a sentirte más seguro. Más importante aún, tus clientes potenciales comenzarán a tener más confianza en ti. He visto a vendedores mediocres alcanzar buenos niveles de ventas porque saben cómo verse y hablar de manera confiada. Y he visto fracasar miserablemente a hombres que en apariencia conocían todas las respuestas sobre la teoría de ventas, sólo porque no tenían el truco de mostrar un comportamiento confiado".

Cómo darle magnetismo a tu personalidad

Bob Bale, fundador del famoso Instituto para la Personalidad Bob Bale, me dice que este mismo sentimiento de confianza y la adopción de una postura confiada son unas de las acciones más importantes que debes adoptar para tener una personalidad más interesante y dinámica.

"A nadie le gustan las personas sosas y de poca voluntad que se comportan como si no supieran nada de lo que están hablando, o lo que quieren", dice Bob.

"Instintivamente nos gustan las personas que saben lo que quieren y se comportan como si eso es lo que esperan obtener. A la gente no le gustan los escépticos ni los fracasos. Si quieres agradarle a alguien, hazle saber lo que *esperas ganar*. Mantén tu cabeza en alto. Mira a los ojos. Camina como si te dirigieras hacia alguna parte y quisieras llegar allá. He visto que el comportamiento de hombres y mujeres ha cambiado cuando ellos, *deliberadamente*, han adoptado una posición de confianza".

Recuerda, si crees en ti mismo y *te comportas de acuerdo con ello, los demás también van a creer en ti.*

Las pequeñeces te delatan

No es posible mirar al interior del cráneo de alguien y ver cuánta confianza hay allí. Pero la confianza tiene su manera de mostrarse a sí misma de formas muy sutiles. Y aunque es probable que nunca hayamos analizado por qué confiamos en alguien específico, inconscientemente todos juzgamos a los demás mediante estas pequeñas "señales" o "pistas" que nos muestran.

1. Observa cómo caminas

Las acciones físicas expresan las actitudes mentales. Si ves a alguien caminando con los hombros inclinados y caídos comprenderás que sus cargas son demasiado pesadas de llevar. Se comporta como si llevara un gran peso encima. (Probablemente está desanimado y desesperado). Cuando algo carga el espíritu del ser humano, eso inevitablemente también carga su cuerpo. Se deja caer.

Observa a alguien que va caminando con la cabeza gacha y con la mirada baja, y sabrás que se siente pesimista.

Una persona tímida camina con inseguridad, da pasos vacilantes como si tuviera miedo de liberarse y salir confiadamente.

La persona con un sentimiento de confianza luce intrépida. Sus hombros están derechos y sus ojos miran hacia adelante y arriba, hacia la meta que siente que va a alcanzar.

2. Tu forma de dar la mano te delata

En un artículo titulado "Tu forma de dar la mano te delata", escrito para la revista *Your Life*, John D, Murphy dice que la manera en que das la mano dice mucho más de lo que crees en cuanto a cómo te sientes con respecto a ti. Quien da la mano de forma floja y blanda trasmite poca confianza en sí mismo. Pero si intenta mostrarse arrogante y poderoso, como usualmente hacen muchas personas con poca autoconfianza, sabes que está engañando. El quebrar huesos es apto para compensar una carencia de autoconfianza que va demasiado lejos y exagera para hacerte creer que de verdad es una persona segura. El saludo de mano firme pero no fuerte, con sólo un leve apretón, dice "Estoy vivo. Tengo una idea clara de cómo son las cosas", es el saludo de mano que denota autoconfianza.

3. Tu tono de voz

De hecho, nos expresamos con nuestra voz más que de cualquier otra forma. La voz es el medio de comunicación más desarrollado entre los seres humanos. Pero tu voz comunica más que sólo ideas. También comunica tus sentimientos acerca de ti mismo. Comienza a escuchar tu propia voz. ¿Expresa desesperanza o valor?

¿Has desarrollado, sin darte cuenta, el hábito de hablar de manera quejumbrosa? ¿Hablas con confianza? ¿Murmuras?

Cómo usar el único método existente para lograr que a los demás les vaya mejor

Muchos intentan hacer que otros mejoren mediante regaños, amenazas, avergonzando o dando consejos respecto a lo que "deberían" hacer. El problema es que estos métodos sencillamente no funcionan y por lo general empeoran las cosas. Al obedecer la regla humana elemental de "vivir a la altura" de las opiniones de los demás y actuar con coherencia la parte que se le ha asignado, la persona acusada y culpada hará lo que supuestamente esperas de ella y tratará de satisfacer tus expectativas. Tus regaños y desaprobación la convencerán de que estás decepcionado de su actuación, que tienes una baja opinión, y nuevamente verás tus opiniones reflejadas en sus acciones.

Winston Churchill, quien es un verdadero maestro en el arte de relacionarse con la gente, en una ocasión dijo: "He aprendido que la mejor manera de lograr que alguien *adquiera* una virtud, es *atribuyéndosela*".

Hazle saber a la otra persona que crees que ella *es* confiable y demostrará que lo es.

En el pequeño pueblo de Sunser, Lousiana, hay un banquero llamado Robert J. Castile y es el Gerente del Banco de Sunset y la Compañía Fiduciaria, y ha hecho cientos de préstamos sin seguros ni codeudores. Incluso presta dinero a graduados de secundaria, menores de edad, sin la firma de sus padres. Ha financiado la educación de más de trescientos estudiantes universitarios necesitados.

Del más de medio millón de dólares que ha prestado durante los últimos 15 años, el banco no ha perdido ni un centavo. La magia es que aquellos a quienes les presta les hace saber que están recibiendo dinero por una única razón: el banco espera que paguen y tiene fe en que así lo harán. En 1945 el banco le prestó $2.000 dólares a un hombre desempleado que no tenía ningún capital, ni siquiera un sitio para vivir con su familia. Después de cuatro años pagó cada centavo.

Un suero de la verdad que realmente funciona. Hace poco tiempo, un oficial de policía me dijo que la mejor manera que había encontrado para obtener información de sospechosos era decirles: "Bueno, he escuchado que tienes fama de ser un hombre rudo y que has estado envuelto en muchos problemas, pero que hay sólo una cosa que no harías, y es mentir. Me informan que si tú dices algo, esa será la verdad, y es por eso que estoy aquí".

Al atribuirle a un rufián la virtud de la fidelidad, este policía literalmente hace que él diga la verdad.

Cuando Herbert Hoover fue el Director de Regulación de Precios durante la Primera Guerra Mundial, supo de un comerciante en el Medio Oeste que flagrante y abiertamente violaba las regulaciones de precios. Así que decidió probar algo de estrategia. Le envió al comerciante un telegrama que decía: "Usted ha sido nombrado para ser el presidente de un comité de cumplimiento en su ciudad". El telegrama proseguía sugiriendo que sería muy apreciada su cooperación, al vigilar que los comerciantes de su ciudad siguieran las regulaciones de forma voluntaria. Este telegrama funcionó como magia. El comerciante no sólo se apegó estrictamente a las regulaciones a partir de ese momento, sino que dedicó mucho tiempo al esfuerzo de convencer a otros de que cumplieran. Hoover hizo uso de un viejo truco que los maestros de escuela usaban con frecuencia cuando elegían al chico más bullicioso de la clase y le decían: "Jimmy, voy a salir del salón por unos minutos y quiero que seas el monitor y mantengas el orden hasta que yo regrese".

Hace mucho tiempo Emerson dijo: "Confía en los hombres y serán fieles contigo". Inténtalo. Verás que no es sólo algo común sino que también funciona.

No somos la misma persona con todos los que conocemos. Ningún hombre, mujer o niño es totalmente bueno ni totalmente malo. Todos tenemos diferentes lados de nuestra personalidad. El lado que casi siempre mostramos es el que la otra persona nos inspira. No vale la pena prejuzgar a la gente y decidir que tal o cual persona es un viejo tacaño, cascarrabias sólo porque alguien tuvo esa experiencia con él. Tu amigo puede haber hecho salir el lado cascarrabias de la otra persona pero al usar el sentido común y la psicología, tú lograrás hacerle salir el lado bueno y generoso. De todas maneras, vale la pena intentarlo.

EL CAPÍTULO 4 EN POCAS PALABRAS

1. Ya sea que lo notes o no, tú controlas las acciones y las actitudes de los demás mediante tus propias acciones y actitudes.

2. Tus propias actitudes son reflejadas de vuelta hacia ti por parte de la otra persona casi como si estuvieras ante un espejo.

3. Compórtate o siéntete hostil y la otra persona reflejará esa hostilidad hacia ti. Grítale, y se sentirá casi obligada a gritar también. Compórtate con calma y no te emociones y alejarás su ira antes de que comience.

4. Actúa con entusiasmo y despertarás el entusiasmo de la otra persona.

5. Compórtate de manera confiada y la otra persona tendrá confianza en ti.

6. Comienza hoy a cultivar de manera intencional una actitud entusiasta. Sigue el consejo de Frank Bettger y actúa como si fueras entusiasta. Pronto te sentirás así.

7. Comienza ahora mismo a cultivar un comportamiento entusiasta. No murmures tus palabras como si tuvieras miedo de expresarlas. Exprésate. Mira tu postura. Una figura desplomada significa que las cargas de la vida te son muy pesadas de llevar. Una cabeza agachada deja ver que la vida te ha derrotado. Mantén tu cabeza en alto. Endereza tus hombros. Camina con pasos seguros como si te dirigieras hacia un lugar importante.

5

CÓMO CREAR UNA BUENA PRIMERA IMPRESIÓN

Un músico, al escuchar la *primera* nota de una pieza musical reconoce usualmente en qué tono está escrita. En la mayoría de los casos una composición comienza con la misma nota del tono en el que está compuesta. Por ejemplo, si la pieza está escrita en Si mayor, el acorde principal será Si mayor. Verás que la mayoría de composiciones musicales *terminan* en la misma nota.

¿Y qué tiene que ver todo esto con las relaciones humanas? Bastante.

La manera como nos acercamos a otros, nuestras primeras palabras y acciones, casi siempre suenan como el "tono" de toda la conversación. Si la empiezas con payasadas, es muy difícil que la charla cambie de tono y que tu interlocutor te tome en serio.

Todos literalmente esperan que les digas qué hacer. Si tienes en cuenta comenzar la conversación con el mismo tono con el que quieres finalizarla, tendrás más opción de controlar las acciones y actitudes de quien te escucha a un nivel sorprendente. Si quieres que te tome en serio, haz que esa nota suene en las primeras palabras. Si decides que sea de negocios, comienza con un tono de negocios. Si lo adecuado es que sea informal, comienza con un tono informal.

Recuerda, la otra persona "se pondrá a tu altura". Hará su parte en el escenario que *tú* pongas. A menos que quieras estar a la defensiva durante toda la conversación, no comiences disculpándote. Si al llamar a la puerta un vendedor le dice al ama de casa: "Odio tener que molestarla señora" o "No tomaré mucho tiempo", sin darse cuenta, él está sesgando la actitud de su posible clienta y le está organizando el escenario en el que ella sólo puede hacer el papel de alguien que está siendo molestado y a quien le están haciendo perder tiempo.

Si Caspar Milquetoast entra a un ostentoso restaurante y disculpándose le dice al jefe de comedor: "Lo siento, pero no tengo reservación y por eso no espero tener un sitio cerca del escenario", sin darse cuenta, está organizando la situación como para que el maestresala se comporte de acuerdo a la misma. "Sin duda *no puede* esperar a tener una mesa en el centro si no se molestó en hacer una reserva", le contesta el jefe de camareros y lo pone en una esquina.

En radio, en televisión o en las películas seguramente has escuchado la frase: "Luces, cámara, acción". Cuando eso se dice, comienza la acción. Las cámaras empiezan a rodar y los actores a actuar. Pero los actores no sólo actúan porque les toca sino que desempeñan los papeles que les han sido asignados, lo hacen según una disposición de ánimo previamente organizada. Y la "escena" que representan es la que se ajuste al escenario organizado.

Ya sea que lo notes o no, cada vez que interactúas con alguien, estás organizando un escenario. Si lo organizas para comedia, no esperarás que la otra persona actúe un drama serio. Si lo organizas para una tragedia, tampoco esperarás que tu interlocutor se alegre al respecto.

Recuerda que es inevitable que tus primeras palabras, acciones y actitudes impongan la manera como interactuamos con los demás. Alguna vez habrás escuchado a alguien decir: "Parece que no supimos llevarnos bien. Por alguna razón comenzamos con un mal paso", "Sencillamente no se dieron las cosas". Eso es lo que decimos de alguna reunión o entrevista que no salió como habríamos deseado. Casi siempre, cuando esto sucede, es porque comenzamos con la nota equivocada. Hicimos sonar un acorde menor al comienzo y luego nos preguntamos por qué la música que siguió después sonó tan triste.

Debes saber qué es lo que quieres y luego sonar de acuerdo con eso

La Dra. Ruth Barbee, Directora del Instituto de Relaciones Familiares en Atlanta, Georgia, ha ayudado a muchos esposos y esposas a superar sus diferencias. Pero la gran dificultad, dice ella, es hacer que la pareja llegue a su oficina en una nota de reconciliación.

"Volveré con él", dice la esposa, "si muestra que es sincero".

"Me encantaría que ella volviera a casa", dice el esposo, "sólo tiene que hacer el primer movimiento".

Hacer que se reúnan cuando tienen ese ánimo no tiene sentido, dice la Dra. Barbee, ya que el uno o el otro hará sonar un tono de hostilidad y la reunión inevitablemente terminará en otra discusión. Pero se puede superar casi cualquier dificultad si alguno de los dos, o mejor ambos, comienza con un tono que diga: "Quiero que vuelvas".

Antes de empezar cualquier discusión es bueno hacerte esta pregunta: "¿En realidad qué es lo que quiero de esto? ¿Cómo quiero que termine? ¿Cuál es el estado de ánimo que quiero que prevalezca? Luego haz sonar la nota que cree el escenario para eso.

Cómo crear una buena primera impresión

Otra forma en que es posible controlar las acciones y actitudes de los demás es recordando que toda primera impresión que les des es apta para lograr una impresión duradera acerca de ti. Ese primer encuentro suele ser la primera nota. De ahí en adelante es muy difícil lograr que la otra persona cambie la opinión que tiene acerca de ti.

En una ocasión estuve hablando con una amiga acerca de un comerciante que los dos conocemos. "No me agrada", dijo ella. "Es mezquino y de mal genio, y trata muy mal a su esposa".

Yo quedé asombrado.

"No entiendo", dije. "Para mí es una de las personas más amables y de buen carácter de esta ciudad. Y sé que él y su esposa son muy felices".

"Bueno", respondió mi amiga, "todo lo que sé es que la primera vez que lo vi fue en una ocasión en que entré a su tienda y le estaba hablando muy mal a su esposa. Estaba enfadado y gritando terriblemente".

"A lo mejor se alteró una vez", respondí. "Eso no es típico en él. Todos nos alteramos en algún momento, pero estoy seguro que en su caso fue la excepción y no la regla".

"No puedo evitarlo", dijo ella. "No me gustan los hombres que les hablan de esa manera a sus esposas, y no importa cuán amable sea el resto de su vida, nunca me va a agradar".

De hecho, el comerciante en cuestión es uno de los esposos más fieles que he conocido. En realidad no creo saber de un hombre más considerado con su esposa, o a una esposa más feliz que ella. Pero es una lástima que la *primera vez* que mi amiga lo vio él estableció su tono como un esposo mezquino y déspota, y eso es lo que siempre será para ella.

Otras personas te aceptan según tu propio concepto

Tu yo es más responsable de cómo eres aceptado que cualquier otro aspecto. Pero pocos se preocupan por lo que los demás piensen de ellos. Pocos entienden que las personas forman su opinión acerca de nosotros, en gran manera según la opinión que nosotros tenemos de sí mismos. Esto también se basa en la Ley de la psicología que es tan cierta como la Ley de gravedad.

Emerson dijo en una ocasión: "Una máxima digna de toda aceptación: que un hombre puede tener la presentación que asume. Toma el lugar y la actitud que te pertenecen y todos estarán de acuerdo. El mundo debe ser justo. Con toda tranquilidad, permite que cada persona establezca su propio valor. Héroe o tonto, no se entromete en el asunto. Sin duda aceptará tu propia medida de lo que eres o haces, ya sea que te arrastres negando tu propio nombre, o veas que tu obra alcanza la esfera de los cielos, con la revolución de las estrellas".

Probablemente te culpes a ti mismo si no eres aceptado como quisieras. Compórtate como si no fueras nadie, y el mundo te aceptará según tu propio valor, Compórtate como si fueras alguien, y el mundo no tendrá otra opción que tratarte como a alguien.

En este punto es necesario hacer una advertencia. Muchos creen que si son arrogantes, déspotas, rudos y engreídos, le están mostrando al mundo la elevada opinión que tienen de sí mismos. Pero en realidad lo que muestran es lo opuesto.

Recuerda, la persona que *en realidad* tiene una buena opinión de sí misma no se va a extremos ridículos para convencerse de que es alguien. Quienes se dan aires y tratan de comportarse como lo que (equivocadamente) piensan que es un papel muy importante, lo hacen porque sienten la necesidad de comportarse con importancia. Y la razón por la cual sienten la necesidad de comportarse de esa forma es porque se sienten pequeños e insignificantes. Con frecuencia tratan de demostrarse a sí mismos que son más grandes que lo que sienten.

Las personas "realmente" grandes, nunca se comportan de esa manera. Más bien, lo hacen de forma natural y acogedora. En nuestro subconsciente, todos somos más inteligentes de lo que sabemos. Nuestra mente consciente puede no ser tan inteligente para analizar y ver los disfraces que usan las personas. Pero nuestro subconsciente sí. Y nos dice que alguien que monta un gran acto en verdad no piensa bien de sí mismo sino que es sólo un farsante.

Por ejemplo, conozco a un hombre que hace lo que sea para lograr que su foto esté en los periódicos. Y cuando lo logra, toma cientos de copias y se las envía a todos sus conocidos. Un día, un amigo y yo nos encontrábamos justo comentando sobre él pues hacía poco le había enviado otro de sus recortes en un periódico del Medio Oeste.

"¿Sabes?", dijo mi amigo, "me pregunto a quién está tratando de convencer que él es un pez gordo, ¿a él o a mí?

Cuántas personas inconscientemente crean una mala impresión

La gente te juzga no por el valor que te das a ti mismo... te juzga por el valor que le das a otras cosas como tu empleo, tu profesión, e incluso tu competencia.

En la Biblia hay un versículo que dice: "No juzgues para que no seas juzgado". Es un buen texto para aplicarlo a las relaciones humanas pues cada vez que juzgamos algo, les damos a otros una pista para que también nos juzguen.

Un abogado que se ocupa de muchos casos de divorcios me dijo: "Cuando un esposo o esposa comienza a hablarme del comportamiento mezquino y desagradable de su compañero, por lo general aprendo más de quien está hablando que de la persona sobre la que está hablando". Las conversaciones negativas y las opiniones negativas dan una mala impresión.

Walter Lowen, Director de la Agencia de Ubicación Walter A. Lowen en la ciudad de New York, tiene un destacado registro encontrando empleos para hombres y mujeres en los niveles más altos. El negocio diario de Lowen es ubicar gente en empleos con salarios de $50.000 dólares al año o más, y lo ha hecho por más de 30 años.

Algo que él le dice a cada candidato es que, cuando sea entrevistado, nunca muestre resentimiento hacia su empleador actual. La tentación es a congraciarse con su posible nuevo jefe al denigrar al actual. Además está la tentación de hablar sobre las injusticias que han cometido con él o ella. "No lo hagas", dice Lowen. "Recuerda que nadie quiere contratar a un resentido".

¿Alguna vez has notado lo intranquilo que te pones cuando te vez obligado a estar acompañado de un quejumbroso crónico? ¿Has observado lo poco popular que es aquel que está "contra" todo?

¿Qué valor le das a tu trabajo en la compañía para la que trabajas? ¿Cuando alguien te pregunta dónde trabajas, respondes como disculpándote: Ah, yo trabajo en el banco _____, como si te avergonzaras, o lo dices con orgullo, "Trabajo en el mejor banco de esta zona del país"? Quien te oiga tendrá un mejor concepto de *ti* si das la segunda respuesta.

Cuando alguien pregunta de dónde eres, ¿respondes con timidez: "Ah, es sólo un pequeño sitio en la vía", o dices: "Soy de Pleasantville, el mejor pueblito del mundo"?

Si das la impresión de que tu empleador no es de lo mejor, o que la labor que haces no es algo importante, entonces el que te escuche pensará que tú mismo no eres importante o no te asociará con el lugar donde estás ni con el trabajo que desempeñas.

No denigres de la competencia. Es sorprendente que tantos vendedores nunca hayan entendido que quienes denigran de otros, incluso de la competencia, no son agradables. Si quieres dar una buena impresión, nunca desprecies tu competidor ni su producto. En lugar de eso promueve tu producto. Las conversaciones negativas sobre otros haciendo su trabajo, además de ser desagradables para quienes te escuchan, también organizan un escenario negativo, —y denigrar sin duda es algo negativo. Tú organizas el escenario para un ánimo negativo y luego te preocupas sobre por qué no logras que el cliente potencial diga sí. Además, el inconsciente de la otra persona es tan inteligente como para concluir: "En realidad la competencia debe ser importante, de lo contrario esta persona no se daría a la tarea de denigrarla".

Cómo lograr que te digan "sí"

Si has puesto un escenario negativo, no esperes un "sí" como respuesta de parte de los demás. En su libro *Influencing Human Behavior*[1], el reconocido psicólogo Harry Overstreet dice que la

mejor forma jamás descubierta por la psicología para lograr un "sí" como respuesta es poner a la otra persona en un estado de ánimo de "sí". Esto lo logras creando un ambiente positivo y afirmativo, en lugar de uno negativo.

Una buena forma de lograrlo es hacer que tu interlocutor diga "sí" a unas preguntas previas. "¿No te parece este un hermoso color? o ¿No te parece que este es un trabajo de calidad?". Después que la otra persona ha respondido "sí" a estas preguntas preliminares unas cinco o seis veces, es mucho más fácil que responda "sí" a tu pregunta más importante.

"Sí" también puede ser negativo. Pero no cometas el error que cometió un amigo mío al tratar de seguir este consejo. Él era un pesimista de pensamiento negativo, así que, aunque hizo preguntas cuya respuesta fue "sí", el tono de todas generaba un ánimo negativo en lugar de positivo.

"Qué caliente está el día hoy ¿cierto?", le comentaba a su cliente potencial, quien a su vez decía "sí". "¿No te parece que el mundo está al revés?" preguntaba, y una vez más, la respuesta que obtenía era "sí". "Estando como está el mundo, nunca sabes en quién confiar", insistía.

---
1. New York: W. W. Norton and Co., 1925.

"Sí, eso es cierto", respondía el cliente potencial. Y aunque obtenía un "sí" como respuestas había creado un *ánimo negativo*. Su prospecto quedaba tan pesimista y deprimido, y con una mentalidad tan negativa que no tenía ningún ánimo de comprarle algo.

Las personas pesimistas, negativas o deprimidas no compran nada ni se abren a nuevas ideas. Se vuelven precavidas y renuentes. Las alegres, optimistas y con pensamiento positivo son las que compran bienes y aceptan nuevas ideas. Son más generosas, están más dispuestas a extenderse y a aprovechar una oportunidad.

Tu pregunta suele organizar el escenario para la respuesta. Otra norma a aplicar para obtener un "sí" como respuesta es hacer la pregunta en la que la respuesta esté insinuada en la pregunta. En lugar de decir, "¿Te gusta esto?", di, "Creo que esto te gusta, ¿correcto?". En lugar de decir, "¿Te gusta este color?" di, "Este definitivamente es un bonito color, ¿no crees?" o "¿No te parece que este es un bello color?".

La tercera norma para ayudar a que nos contesten que "sí" es asentir con tu cabeza cuando haces la pregunta. Recuerda, tus acciones influyen sobre las acciones del otro.

Asume que tu interlocutor hará lo que deseas

El Dr. Albert Edward Wiggam, a quien hemos citado ya, dice: "Casi ninguna sugerencia es más fuerte que la tranquila suposición de que tu interlocutor va a hacer lo que quieres que haga".

De los hombres que conozco, que tienen más éxito en convencer a quienes lo escuchan para que hagan algo, y lo hagan con gusto, es el Dr. Pierce P. Brooks, Presidente de National Banker's Life Insurance Company, en Dallas Texas.

Cuando el Dr. Brooks fue el Presidente de la Junta de Delegados de la Iglesia Metodista Tyler Street, en Dallas, la asistencia a la escuela dominical aumentó a tal punto que estableció nuevos registros a nivel mundial de la Iglesia Metodista. Tal logro requirió los esfuerzos y la cooperación del trabajo de muchas personas. Cuando fue el Presidente del Consejo de Seguridad de Texas, Dallas alcanzó nuevos registros de seguridad y llegó a ser conocida como la ciudad más segura de los Estados Unidos. Cuando organizó la Fundación de Niños Lisiados, no sólo dio gran parte de su propio dinero, sino que también logró que muchos otros hombres de negocios dieran, y hasta uno de ellos donó a la causa todas las utilidades de una de sus empresas. El Dr. Brooks no sólo ha triunfado por su capacidad para organizar y lograr que otros hagan, sino que también se ha convertido en un cotizado líder de causas cívicas y fraternales.

Cuando le pregunté al Dr. Brooks cuál era el secreto para lograr que la gente hiciera algo, él dijo: "Rara vez, si es que lo hago, le pregunto a alguien *si* puede hacer algo. Siempre trato de encontrar una *razón personal* por la cual esa persona querría hacerlo, luego sólo asumo que sí quiere hacerlo, y que lo hará. Les hago saber que *creo que pueden hacerlo*, que tengo confianza en sus capacidades, que confío en que harán un buen trabajo, y luego los dejo solos y les permito hacerlo. Si siempre miras por encima del hombro de alguien, estás comunicando que no confías en que ese alguien haga un buen trabajo. Yo asumo que lo que va a hacer es bueno y la gente rara vez me decepciona".

En su libro *How Power Selling Brought Me Success in Six Hours*[2], el Dr. Brooks dice cómo usa la técnica de suponer tranquilamente que el prospecto de cliente va a comprar, como uno de los mejores métodos para cerrar una venta.

---

2. Englewood Cliffs, N.J.: Prentice-Hall, Inc., 1955.

Una vez más, vemos la fuerte urgencia que tiene el ser humano de "estar a la altura" de lo que se espera de él.

Si no buscas problemas, ¿por qué pedirlos? Intenta usar esta técnica con tus hijos. Deja de usar palabras que muestren que *esperas* que te desobedezcan, o tener una discusión.

Por ejemplo, si quieres que tus hijos se acuesten sin tanta resistencia, no digas: "Jimmy, hijo, se está haciendo tarde y quiero que te alistes para ir a la cama". Si quieres que entre a la casa a descansar, no digas: "Ah, quisiera que entres a descansar un poco.

No veo por qué quieres seguir corriendo bajo el calor del sol". Estas afirmaciones asumen que esperas que Jimmy discuta. Asumen que él *no* quiere irse a la cama, o entrar a descansar.

En lugar de eso, intenta esto: ve y levanta sus cobijas. Tráele su pijama. Dale un beso de buenas noches y dile: "Bien Jimmy, es hora de ir a la cama". Si quieres que descanse durante 30 minutos al día, intenta programar una alarma para que se active cuando el periodo de descanso comience. Cuando la alarma suene, ve a la puerta, ábrela y sólo di: "Bien Jimmy, termina eso después, es hora de descansar por un rato".

Si por mucho tiempo has educado a Jimmy conforme a la idea de que esperas que discuta y muestre resistencia, no esperes que estos métodos funcionen a la perfección. Pero funcionarán mejor que discutir o regañar, y son mucho más convenientes para tus nervios.

Cuando el famoso reportero de un periódico ingresó a las oficinas de *Christian Science Monitor*, miró alrededor y no vio ninguna señal de "No fumar", así que preguntó, "¿Tienen alguna regla en contra de fumar?".

El editor dijo: "No. No hay ninguna regla, *pero nunca nadie lo ha hecho*".

Aunque el periodista era un fumador permanente, y le informaron que no había ninguna norma en contra de hacerlo, vio que era obvio que *no podía fumar,* la influencia de saber que se esperaba que no fumara era muy fuerte.

EL CAPÍTULO 5 EN POCAS PALABRAS

1. Cuando te relaciones con otras personas, al inicio del encuentro, procura hacer sonar el tono de todo el tema según sea lo apropiado.

2. Si comienzas con una nota de formalidad, la reunión va a ser formal. Comienza con una nota de amistad y la reunión va a ser amigable. Organiza el escenario para una discusión de negocios, y será de negocios. Comienza con una nota de disculpas y la otra persona te obligará a tocar esa tonada el resto del tiempo.

3. Cuando conoces a alguien, es muy probable que la impresión que causes sea el tono según el cual ese alguien te recuerde por el resto de tu vida.

4. Hay quienes tienden a aceptarte según tu propio concepto. Si crees que no eres nadie, es un hecho que estás pidiendo que te desprecien.

5. Uno de los mejores medios jamás descubiertos para crear una impresión favorable ante otra persona es no esforzarse demasiado por causar una buena impresión, sino permitirle saber que ella te está causando una buena impresión a ti.

6. La gente te juzga, no por la opinión que tienes de ti mismo, sino por el valor que les das a otras cosas como tu empleo, tu profesión, e incluso tu competencia.

7. Las opiniones negativas crean una atmósfera negativa. No denigres de otros. No seas resentido.

La manera en sí como preguntas algo organiza el escenario o hace sonar el tono según el cual responderá tu interlocutor. No hagas preguntas "negativas" si lo que quieres son respuestas "afirmativas". No hagas preguntas ni des instrucciones que indiquen que esperas problemas. ¿Por qué buscarlos?

TERCERA PARTE

TÉCNICAS PARA HACER AMIGOS Y CONSERVARLOS

6. Cómo hacer uso de tres grandes secretos para atraer a las personas

7. Cómo lograr que los demás se sientan amigables de inmediato

6

CÓMO HACER USO DE TRES GRANDES SECRETOS PARA ATRAER A LAS PERSONAS

¿Cuál es el secreto de una personalidad atractiva? Todos hemos conocido personas que al parecer, sencillamente atraen clientes y amigos. Decimos que la gente se siente atraída hacia ese tipo de personalidad y que "él o ella atraen a los demás". Esas frases son muy descriptivas, pues es imposible agradar por la fuerza, pero sí es fácil *atraer* si provees el alimento necesario para mitigar los tres tipos básicos de hambre de los cuales sufren los seres humanos.

Pon un trozo de carne detrás de tu puerta y no tendrás que llamar a los perros del vecindario para que vengan. Sencillamente ahí estarán. Y así mismo las personas se sentirán atraídas hacia ti cuando sepan que tienes disponibles esos tres tipos de alimentos básicos de los que te quiero hablar en este capítulo.

La persona genuinamente "agradable" a quien todos evitan. La amistad no se da por casualidad ya que *elegimos* a nuestros amigos y ya sea de forma consciente o inconsciente los elegimos por necesidad o por deseo. Sam "Charladulce" puede ser el más dulce y considerado que hayas conocido en toda tu vida, pero es muy factible que no lo elijas como amigo personal porque no te ofrece ningún alimento con el que satisfagas tu hambre. De hecho, es probable que te sientas incómodo cuando estás con él. Esa bondad que brota de su ser todo el tiempo sólo consigue que te sientas culpable o inferior. Así que, aunque Sam es una buena persona, lo evitas como a la peste.

La fórmula Triple-A para atraer a los demás

A continuación presento tres hambres básicas que todos los seres humanos normales tenemos. Llámala la técnica "Triple-A" para ganar amigos pues cuando uses estas tres letras, entendiendo lo que hay detrás de ellas, verás más y más personas sintiéndose atraídas hacia ti.

1. Aceptación

La aceptación es una vitamina. Todos deseamos ser aceptados *tal como somos*. Queremos a alguien con quien podamos relajarnos, a quien contarle nuestros más íntimos secretos. No muchos de nosotros somos tan valientes como para "ser nosotros mismos" cuando tratamos con todos en general. Pero nos gusta tener a *alguien* con quien podamos ser nosotros mismos y *darnos el lujo* de ser transparentes porque sabemos que seremos aceptados.

Casi nadie perseguirá ni deseará intimar con quienes acostumbran a ser tan críticos y que encuentran fallas constantes, que siempre ven lo que les falta a los demás y suelen sugerir una solución.

No tengas normas estrictas sobre cómo crees que deberían comportarse los demás. Dales a otros el derecho de ser ellos mismos. Si alguien es un tanto peculiar, déjalo ser así. No insistas en que haga y le guste todo de acuerdo con lo que tú haces y lo que a ti te agrada. Permite que se relaje cuando está contigo.

Lo extraño es que quienes aceptan a otras personas, y les agradan tal como son, tienen una mayor capacidad de influencia para cambiar el comportamiento para bien. Muchos hombres casados que han pasado de tener un carácter rudo y agresivo a ser buenos ciudadanos te dirán (si logras que hablen al respecto) que lo que los hizo cambiar fue "la fe que mi esposa tuvo en mí", o "mi esposa simplemente creyó en mí. Nunca me criticó ni me molestó, sólo siguió creyendo en mí. De alguna manera yo tenía que cambiar".

Como lo dijo un psicólogo: "Nadie tiene el poder de reformar a otra persona, pero cuando otra persona te agrada tal como es, le das el poder de cambiar por sí misma".

Muchas buenas personas ejercen poca o ninguna influencia sobre aquellos a quienes están en capacidad de influenciar para bien porque no aceptan al otro tal como es, sino que le transmiten la idea de que de alguna manera debe cambiar para ganar su aceptación.

No existe ningún registro sobre algún fariseo que haya logrado cambiar la conducta de algún pecador. Los fariseos eran buenas personas. Pero su misma bondad los separaba de los otros hombres. Se horrorizaban cuando Jesús comía con "publicanos y pecadores". Se espantaron cuando Él le dijo a la mujer que fue sorprendida en adulterio: "Yo tampoco te condeno". Pero aun así se hace evidente el hecho de que Jesús "tenía acceso a las personas" como nadie lo tuvo antes ni después.

¿Cómo ayuda el psicoanálisis para que las personas mejoren? ¿Alguna vez has considerado lo que en realidad pasa cuando una persona es psicoanalizada? No estoy hablando de las versiones cinematográficas, sino de casos de la vida real, cuando alguien con toda clase de temores y problemas, que no sabe cómo llevarse bien consigo mismo ni con los demás es "curado" sólo por ir dos veces a la semana al consultorio de un doctor y por hablar con él.

Hace poco, en una cena, conocí a un destacado psicoanalista y la conversación llegó a este tema de aceptación en las relaciones humanas.

"Si las personas practicaran en serio la aceptación, pronto nos iríamos a la quiebra", me dijo, "pues la esencia del psicoanálisis es que el paciente encuentra a una persona, el médico, que lo acepta y por primera vez en su vida comunica sus más íntimos pensamientos, incluso hasta lo que lo avergüenza, y el médico escucha sin sorprenderse ni horrorizarse o hacer juicios morales. Como ha encontrado a un ser humano que muestra aceptación a pesar de todas sus características y defectos 'vergonzosos', el paciente termina por aceptarse a sí mismo, así que está listo para una mejor vida".

Cómo hacer que tus votos matrimoniales se hagan realidad

La Dra. Ruth Barbee dice que gran parte de la infelicidad matrimonial se evitaría si las parejas jóvenes tomaran en serio las palabras de la ceremonia de bodas: "Tomo a este hombre (esta mujer)... en las buenas y en las malas...". Debes aceptar a la otra *persona tal como es*, dice ella.

"La aceptación emocional no implica reducir tus ideales", continúa. "Es cómo te sientes con tu cónyuge y no lo que piensas de él. Es una afirmación para tu pareja como persona. Es reconocer que básica y esencialmente él o ella es alguien que puedes aceptar. Tiene que ver con cómo está hecho, en lugar de qué es lo que hace o no hace".

Todos necesitamos este sentimiento de aceptación. Nadie es aceptado por todos y es tonto intentar serlo. *Pero cada uno de nosotros necesita ser aceptado por las personas que consideramos importantes.* El castigo que "El hombre sin país" sufrió fue el castigo de no ser aceptado por nadie. Incluso los hombres más despiadados, que se habían propuesto ir en contra de todo el mundo, sintieron la necesidad de aceptación. Hitler, por ejemplo, se rodeó de un pequeño grupo de admiradores y los llevaba consigo a donde quiera que iba.

La aceptación es una espada de dos filos

Una de las tragedias de nuestra sociedad es que esta necesidad de aceptación obra en contra de la sociedad así como a favor de la misma. Por ejemplo, la gran cantidad de pandillas de adolescentes que están brotando por todo el país sin duda son la consecuencia en gran parte del hecho de que estos jóvenes, que no son aceptados en otros espacios de la sociedad, alcanzan algún grado de significado personal, algún sentido de pertenencia, por medio de la aceptación de los miembros de las pandillas.

Otra tragedia es que con mucha frecuencia, cuando alguien sale de prisión, puede haber aprendido su lección y tener las mejores intenciones, pero rápidamente ve que un expresidiario no es aceptado entre las "personas intachables", así que el único lugar en el que puede tener el sentimiento de aceptación se encuentra entre los criminales y otros excriminales.

Cómo hacer que tu pareja tenga éxito

Muchos grandes empresarios me han dicho que antes de promover a uno de sus miembros les gusta conocer algo de su esposa. No les interesa mucho saber si es atractiva o agradable, ni si es una buena cocinera, o cosas así, sino más que todo saber si ella le da a su esposo un sentimiento de seguridad.

El presidente de una corporación lo dijo de esta manera: "Cuando una esposa acepta a su esposo y le hace sentir que está complacida con él, tal como él es, es como recibir una inyección de confianza en el brazo cada vez que el esposo vuelve a casa. Él se dice a sí mismo, 'Si yo le gusto, probablemente no soy tan malo después de todo'. Si ella muestra que él le agrada y que cree en él, él dice, 'Quizás puedo lograrlo', y al día siguiente sale a enfrentar el mundo rebosando de autoconfianza y sintiendo que es capaz de enfrentar cualquier cosa que se presente.

Pero cuando un hombre llega a casa y se encuentra con una esposa quejumbrosa y regañona es como si todas las peleas fueran su culpa. Él ve la continua insatisfacción de ella como algo en su contra, por lo cual aumenta su inseguridad y comienza a dudar de sí mismo".

Él pudo haber añadido que la esposa que le ofrece aceptación a su esposo no sólo le da una dosis de autoconfianza, sino que también le da una buena dosis de amabilidad humana y esa cualidad de ser alguien fácil de llevar debido a que, por su aceptación, ella lo ayuda a agradarse más a sí mismo. Cuando esto suceda, él será más fácil de llevar. Será más atento y considerado. Por otro lado, la esposa que se queja permanentemente logra justo lo opuesto a lo que quiere. Ayuda a que su esposo se agrade menos a sí mismo. Y entre más bajo caiga su autoestima, se hará más irritable y más fallas le encontrara a ella. Quizás esto sea justicia poética después de todo.

Claro está, todo lo que he dicho de las esposas se aplica de la misma manera, o más, a los esposos. Los hombres pueden quejarse más que las mujeres, y el esposo sarcástico, que encuentra fallas y que apoca el ego de su pareja también obtiene lo que pide.

2. *Aprobación*

La segunda "A" mágica que todos deseamos es la *aprobación*.

La aprobación va un poco más allá que la aceptación. Comparadas, la aceptación tiene una implicación de negatividad porque significa que aceptamos a la otra persona con sus defectos y fallas, pero incluso así estamos de acuerdo con su amistad. Pero aprobación significa algo más positivo porque va más allá de sólo tolerar los defectos de otro e implica que hay algo positivo en esa persona que nos *gusta*.

Siempre es posible encontrar algo para aprobar a alguien, así como algo para desaprobarle. Depende de lo que estés buscando. Si tienes un tipo de personalidad negativa, siempre estás buscándole fallas, algo para no aprobarle. Si tienes una personalidad positiva, estarás buscando en esa persona todo lo aceptable .

Las personalidades negativas literalmente sacan lo peor de nosotros porque nos resaltan todo lo que anda mal. Las personalidades positivas nos sacan lo bueno al resaltarnos todo lo que aprueban. Disfrutamos la luz de la aprobación, y ese sentimiento es tan bueno que comenzamos a tratar de desarrollar otras características y cualidades que generen aprobación y nuevamente nos produzcan un sentimiento positivo.

Una cura para niños incorregibles

Hace poco un psicólogo de niños me habló acerca de un niño que le llevaron, el cual había sido categorizado como "incorregible". Se suponía que el niño era "incontrolable". Era temperamental, y al comienzo ni siquiera le habló al psicólogo. Sencillamente parecía que no había ninguna manera de "atraerlo". El psicólogo encontró una pista en un comentario que hizo el padre del niño, quien dijo: "Este es el único niño que yo he conocido que no tiene ni una sola cualidad agradable, ninguna".

El psicólogo comenzó a buscar algo que aprobar en el chico y encontró muchas cualidades. Al niño le gustaba esculpir, y lo hacía bien. En casa había esculpido los muebles y lo habían castigado por eso. El psicólogo le compró un equipo de escultura, un juego de herramientas para esculpir y algo de madera suave. También le sugirió cómo usarlas, y no retuvo su aprobación. "¿Sabes, Jimmy?" dijo, "esculpes mucho mejor que cualquier otro niño que haya conocido".

Bueno, para resumir la historia, el psicólogo pronto encontró otras cualidades para aprobar, y un día Jimmy sorprendió a todos al organizar su habitación sin que nadie se lo hubiera pedido. Cuando el psicólogo le preguntó por qué lo había hecho, él respondió: "Pensé que a usted le agradaría".

Busca cualidades poco obvias sobre las cuales mostrar aprobación

Todos deseamos aprobación. Y no tiene que ser algo grande para satisfacer nuestro deseo. Elogia a un corredor de bolsa por su capacidad de vender acciones y ese elogio tendrá un pequeño efecto en él porque lo hará pensar que simplemente lo estás adulando porque su éxito como corredor de bolsa es obvio. Pero si le haces saber que apruebas la forma como asa una carne al carbón, él te llamará bienaventurado.

Una buena norma para recordar al hacer cumplidos es esta: las personas se complacen más con un cumplido si las halagas por una virtud que no sea muy evidente. Si alguien tiene el físico de un dios griego, es muy probable que ya lo sepa, *y no tiene duda* de eso en su mente. No necesita ninguna confirmación. Pero puede ser bueno en otras cosas que no son muy obvias. Busca esas características y elógialo por ellas, ¡y mira cómo brilla!

3. *El aprecio es magia*

Otra hambre elemental es el *hambre de aprecio*.

La palabra *apreciar* en realidad quiere decir *aumentar el valor*, o es lo opuesto de *depreciar*, lo cual significa *reducir el valor*. Siempre buscamos personas que aumenten nuestro valor y no a quienes lo disminuyan.

El Dr. Pierce P. Brooks hace poco me dijo que el éxito de sus empresas de seguros se debe en gran parte al lema: "Apreciamos a nuestros agentes". Cuando le pregunté por qué un lema tan sencillo tiene la fuerza para obrar un milagro como ese (no hace mucho, una importante publicación de seguros describió el crecimiento de su empresa como "milagroso"), él señaló el hecho de que *apreciar* es todo lo opuesto a *depreciar*.

"*Valoramos* mucho a nuestros agentes", dijo, " y les hacemos saber que así es. Sabemos que el éxito de cualquier empresa depende del éxito de sus agentes. Ellos son importantes para nosotros. Creemos que ellos son los mejores de la industria y todos nuestros tratos con ellos se basan en eso. Cuando aprecias a alguien, en realidad lo haces más valioso y más exitoso".

Los demás son valiosos para ti

Detente a considerar cuán valiosas son las otras personas para ti, (tu esposa, tu esposo, tus hijos, tu jefe, tus empleados, tus clientes). Enfatiza su valor en tu mente. Luego encuentra cómo hacerle saber a cada uno que lo tienes en alta estima. Y siempre recuerda que las personas son lo más importante, el elemento más valioso sobre la Tierra. Las siguientes son algunas formas de mostrar aprecio. Piensa en ellas un poco y encontrarás muchas más:

1. No hagas esperar a nadie si tienes cómo evitarlo.

2. Si alguien te está esperando y no lo puedes ver de inmediato, hazle saber que sabes que está ahí y dile que lo verás lo más pronto posible.

3. Agradece a los demás.

4. Trata a las personas como si fueran alguien "especial".

Vale la pena hacer un comentario más sobre el punto 4. Uno de los aspectos más desalentadores en el mundo, y que muestran desprecio hacia un ser humano, es recibir "el trato de rutina". Todos queremos ser tratados como alguien "especial", como individuos, ser reconocidos por nuestro propio valor único. Si Mary ve que John "le dice eso a todas las demás chicas", sentirá que John la desprecia. Preferirá más que su canción sea "sólo para ti".

El Dr. Pierce P. Brooks me dice que en una ocasión envió cartas a clientes potenciales en referencia a una nueva subdivisión que estaba por abrir. La carta comenzaba con "Estimado amigo", y la respuesta fue casi nula. Al cambiar esas dos palabras, y escribir el nombre propio de la persona hacia la que iba dirigida, por ejemplo, "Estimado Sr. Smith", la respuesta a las cartas fue un éxito.

No hables de manera generalizada, sino de persona a persona

A las personas no les agrada sentirse clasificadas ni ser asignadas a categorías generalizadas como "clientes", "personas", "niños", "parejas casadas". Prefieren ser reconocidas como un "cliente" o una "persona" en particular.

El escéptico que dice: "Todos los clientes son iguales", se dirige hacia la bancarrota, así lo sepa o no. La mujer que dice: "Todos los hombres son iguales", es apta para vivir el resto de su vida como solterona. Es fácil caer en el hábito de tratar a los demás como "clientes", pero no funciona. Recuerda, no importa qué estés haciendo, nunca tratas con "clientes" en general. Siempre tratas con una persona individual. Nunca aprendes a llevarte bien con "la gente". Aprendes a llevarte bien con esta y esa otra persona. "La gente" como generalidad, no existe. El mundo está poblado de personas individuales. Personas es sólo un término abstracto.

Nos gusta ser identificados y no ser considerados como del montón

Nos gusta ir a los restaurantes donde nos dan un tratamiento exclusivo. No tiene que ser demasiado. Quizá sólo sea el jefe de meseros el que te llame por tu nombre, y diga: "Sr. Jones, le agradará saber que esta noche tenemos shish-kebab".

Si alguien te dice: "No solemos hacer esto, pero en su caso haré una excepción", esa frase te hará sentir que brillas por completo.

"Señor Smith, personalmente me haré cargo de este asunto y veré que usted reciba lo que desea".

"No cualquiera puede usar este vestido, pero usted es la excepción".

Incluso los niños responden a esta magia. A ellos no les gusta ser tratados como "niños", sino como la persona con nombre propio: Jimmy Jones. No lo compares con el niño del otro lado de la calle. Esto sólo lo disminuye. Muchos hombres, al presentar a su familia, identifican a su esposa como una persona en particular: "Ella es la Sra. Jones", y, con un movimiento de la mano, descartan a sus tres hijos: "Y ellos son los niños". ¿Por qué despersonalizarlos? ¿Por qué no presentarlos de la misma manera como lo harías con cualquier otra persona?

Así mismo, cuando te presentan a un adolescente, valida esa presentación de la misma manera como si te estuvieran presentando al presidente de un banco. En lugar de sólo estrechar la mano y decir "hola", ¿por qué no decirle a este joven: "Hola Henry, me alegra mucho conocerte"?

Aprende la lección de la Madre Naturaleza

Aprende la lección de las flores. Ellas saben cómo atraer a las abejas. Quieren que las abejas las polinicen. Necesitan a las abejas. Pero en lugar de alegar, regañar o coaccionar, la flor sólo libera unas pocas gotas de néctar. La flor sabe que la abeja desea néctar. Esto le provee alimento para esa hambre.

Si analizas a alguien que tiene una personalidad atractiva, verás que también ofrece alimento para estas hambres elementales del ser humano.

De hecho, un viejo dicho afirma que "la miel atrae más insectos que el vinagre". Éste suele explicarse diciendo que deberías "halagar" para obtener lo que deseas. Pero al mirar más de cerca verás que la miel atrae insectos sólo porque es el alimento que ellos desean y necesitan. Pon un tazón de miel y no tendrás que salir por toda la calle a anunciarles a los insectos que ahí está. No tienes que organizar equipos para convencerlos de que vengan. Sencillamente ahí estarán.

Y cuando comiences a dar esos tres alimentos básicos, entonces contarás con que la gente te rodeará por cantidades.

EL CAPÍTULO 6 EN POCAS PALABRAS

1. El verdadero secreto de una personalidad atractiva es ofrecerles a los demás el alimento que desean. Las personas desean ciertas cosas así como los insectos desean la miel.

2. Usa la fórmula Triple A para atraer a los demás:

Aceptación: Acepta a los demás tal como son. Permíteles ser ellos mismos. No insistas en que alguien debe ser perfecto antes de que pueda agradarte. No muestres una camisa de fuerza moral ni esperes que los demás la usen para ganar tu aceptación. Pero por sobre todo, no negocies. No digas, en esencia: "Te aceptaré si haces esto o aquello" o "Cambia tus modales para adaptarte a mí".

Aprobación: Busca algo que aprobar en la otra persona. Así sea algo pequeño o insignificante pero haz que sepa que se lo apruebas y así la cantidad de cualidades que aprobarás con sinceridad comenzará a crecer. Cuando la otra persona obtenga un sabor de genuina aprobación comenzará a cambiar su comportamiento de modo que luego también recibirá aprobación por otros aspectos.

Aprecio: Apreciar significa aumentar el valor, lo opuesto de depreciar, lo cual significa reducir el valor. Haz que los demás sepan que los valoras. Trátalos como si fueran valiosos para ti. No los hagas esperar. Agradéceles. Dales un trato "especial" individual.

7

CÓMO LOGRAR QUE LOS DEMÁS SE SIENTAN AMIGABLES DE INMEDIATO

¿Alguna vez has conocido a alguna de esas personas que "nunca conocen a un extraño"? Al parecer hace amigos de inmediato. Se sienta al lado de alguien en un bus y allí mismo empieza a conversar como si fuera con un viejo amigo. Llama a un cliente potencial y de una vez empieza a hacer negocios con él como si fueran amigos de toda la vida.

Por otro lado, todos hemos conocido a personas que son "agradables" pero sólo hasta cuando llegas a conocerlas, sólo que son difíciles de dejarse conocer. Pareciera que el primer tipo de personas tuviera algo de magia, casi como si ellas pudieran "encender" un sentimiento de amistad en los demás, mientras que con el segundo grupo, los "difíciles de conocer", es como si ellos no tuvieran la capacidad de llevarse bien con el mundo. Mientras ellos están "apenas iniciando" con la otra persona, el otro individuo "fácil de conocer" ya ha hecho negocios y se ha ido.

Cómo usar el interruptor mágico que enciende los sentimientos de amistad

Estando en la universidad supe de este tipo de personas "fáciles de conocer". Yo hacía más bien parte del lado tímido en lo que tenía que ver con las chicas. Cuando veía a una mujer atractiva *quería* invitarla a salir pero en lugar de eso me decía a mí mismo: "A ella no le agradará que me acerque tan sólo para invitarla a salir. A lo mejor pensará que estoy siendo muy descarado. Además, seguramente ya está saliendo con alguien, lo más seguro es que sea con el chico más apuesto de la universidad y ni siquiera considerará salir conmigo".

Así que me sentaba a pensar cómo presentarme y qué le quería decir. Algunas veces logré reunir suficiente valor como para iniciar una conversación con una mujer que no conocía, me le acercaba y balbuceaba mi pequeño discurso preparado, y nueve de cada diez veces la chica reaccionaba como yo había imaginado que lo haría: hacía una escena de indignación y decía algo como, "Creo que no te conozco", o mi embarazoso método de acercármele a romper el hielo le resultaba entretenido.

Pero todo era diferente con mi compañero de habitación. Él era de esas personas "fáciles de conocer". Se acercaba a una chica que nunca antes había conocido, daba inicio a una conversación, y en dos minutos estaban riendo y hablando como viejos amigos. Ninguna jamás lo llamó "descarado". De hecho parecía que a ellas les agradaba su método audaz.

Cómo aprendí el secreto de mi compañero de habitación

Un día, finalmente logré que me dijera su secreto. "Tienes que *creer* que le vas a agradar a la otra persona", dijo. Bien, teniendo esa pista en mente, comencé a observarlo más de cerca. Era igual de popular entre los chicos del *campus* así como entre las chicas. Al parecer les agradaba a todos. Incluso lograba su misma magia entre los profesores. En clase se las arreglaba con cosas por las que yo habría sido expulsado. Pero los profesores sólo se reían y al parecer pensaban que él era una buena persona. Y mientras veía su desempeño, observé que siempre se comportaba como si la respuesta amigable de su interlocutor fuera el resultado obvio. Como él *creía* que les agradaría a los demás, se *comportaba como si* así fuera. En conclusión: él asumía la actitud que esperaba la otra persona.

Algo más que observé fue esto: como estaba plenamente convencido de que la otra persona sería amigable, no le temía a la gente. No estaba a la defensiva.

Temerles a las personas hace que ellas se alejen

El temor es uno de los mayores impedimentos para conocer a otros rápidamente y comenzar con un paso amigable. Temes no agradarles a los demás, así que te metes en tu concha, como el caracol que cree que va a ser atacado. Las personas no saben cómo acercarse a ti porque estás muy en el fondo de tu concha defensiva. Y como nuestras propias actitudes llaman la atención y ejercen influencia sobre ellos, eso logra que ellos también comiencen a alejarse.

En este campo de las relaciones humanas no hay nada más cierto que esto: si tu actitud básica es que la otra persona no va a ser amigable, o que "no les agradas a los demás", tu experiencia demostrará que así es. Pero si tienes una actitud fundamental que asume que "la mayoría de personas son amigables, y quieren serlo conmigo", tu experiencia así lo reflejará.

Asume que él o ella son amigables, las probabilidades están a tu favor

Supera el temor al "rechazo" por parte de otros. Asume el riesgo: *apuéstale a ser amigable*. No todas las veces ganarás, pero tienes todas las probabilidades a tu favor. Recuerda que la mayoría de personas desean la amistad, así como tú. Es un deseo universal. La razón por la cual la gente no siempre demuestra ser amigable puede ser porque tienen miedo de *ti*, tienen miedo de que *tú* los rechaces.

Toma la iniciativa. No esperes a recibir una muestra de amistad de parte de otros. Haz el primer movimiento y es probable que veas que ellos también comienzan a acercarse.

No seas un castor ansioso

Todos conocemos individuos que son como castores ansiosos por ganar aprobación. Son aquellos que "se esfuerzan demasiado" por ser encantadores, que se desviven por generar sentimientos amigables en otros.

La mayoría de nosotros también sabe que el castor ansioso rara vez es popular, si es que acaso llega a serlo.

Todos conocemos chicas que se esfuerzan tanto por casarse que asustan a los hombres. Muchas de ellas tienen estilo, encanto, belleza, todos los rasgos deseables, y no tendrían ningún problema por lograr lo que más quieren, si tan sólo no se esforzaran tanto.

Alguien que desea tanto cierto trabajo "al punto que se hace evidente", muchas veces no lo obtiene. Hace poco me encontraba almorzando con dos amigos y los dos trajeron a colación a alguien que los dos conocen llamado "Bill".

Uno de ellos preguntó: "¿Finalmente Bill obtuvo el ascenso?".

"No, el último informe que tuve fue que todavía no", respondió el otro.

"¿Qué puede estarle saliendo mal? Sin duda él es el que sigue en la línea. Tiene las capacidades y todo lo que se necesita para obtenerlo".

"No sé cuál pueda ser el problema", fue la respuesta, "a menos que esté demasiado ansioso por obtenerlo".

Relájate y da por sentado que agradarás

En cualquier entorno de relaciones humanas no vale la pena tener tanta ansiedad al punto que los demás noten que prácticamente estás babeando por obtener lo que deseas.

La otra persona tiene una fuerte tendencia natural a obstaculizar cualquier acción de tu parte si siente que "estás muy ansioso" porque la realice. Por instinto se inclinará a una negociación más difícil y hasta llegará a sospechar que las cosas no son lo que parecen. Cuando das la impresión de desear mucho que algo suceda, cuando muestras ansiedad, también haces que quien tienes frente a ti se pregunte por qué estás insistiendo tanto, y esto hace que surjan dudas de su parte.

Cuando alguien ruega por tu amistad, la tendencia es a alejarte de esa persona. Esto no se debe a una característica perversa de la naturaleza humana, sino a la misma Ley de la psicología de la que hemos estado hablando. El castor ansioso tiene *miedo*, hasta la muerte, de no agradar o de que los demás no hagan lo que él quiere. En lugar de decirse a sí mismo: "Sé que le voy a agradar", más bien se dice: "Tengo mucho miedo de no agradarle". Y esto lo percibe la otra persona. El castor ansioso no muestra ninguna fe en sí mismo.

El truco de ese castor tan ansioso debería ser no desgastarse tratando de hacer que quien le interesa se acerque. Es cuestión de relajarte, y *tener presente* que la persona a quien desea dirigirse va a ser amable y razonable. Así se sentirá tranquilo, calmado y envuelto en el trato con dicha persona. Algo más que el castor hambriento *puede* hacer, es sonreír. Es prácticamente imposible sonreír mientras estás preocupado y ansioso. Una sonrisa relaja. Una sonrisa muestra confianza, que "sencillamente sabes" que la otra persona se comportará según lo esperado.

Haz milagros con una sonrisa

Algo más que noté en mi compañero de habitación de la universidad es que él siempre sonreía. Es la persona más sonriente que haya conocido. Si piensas en las personas fáciles de conocer que están en tu entorno, verás que sin excepción, sonríen mucho. Son alegres y ríen con frecuencia. Una sonrisa real y sincera funciona como un "interruptor mágico" que automáticamente activa los sentimientos de amistad en la gente.

Lo que dice una sonrisa

Una sonrisa buena y sincera les dice muchas cosas a los demás. No sólo dice: "Me agradas, vengo como amigo", sino que también dice: "Asumo que voy a agradarte". Cuando un cachorro se te acerca batiendo la cola, está diciendo: "Estoy seguro de que eres una buena persona y que te agrado".

Una sonrisa también comunica otro aspecto importante y es: "*Vale* la pena sonreírte". En su libro *Understanding Fear in Ourselves and Others*[1], Bonaro Overstreet dice: "La persona a la que le sonríes también responde sonriendo. En cierto sentido, nos sonríe a nosotros. En un sentido más profundo, su sonrisa muestra el bienestar que hemos despertado en ella. Sonríe porque nuestra sonrisa hace que sienta que *merece una sonrisa*. Por así decirlo, hemos escogido a esa persona de entre la multitud. La hemos diferenciado y le hemos dado un estatus de individuo".

Sonríe desde el fondo

Los maestros de voz siempre les dicen a sus estudiantes que "respiren profundo" y que dejen que su voz salga "desde el fondo".

Si quieres sonreír para hacer amigos, entonces tu sonrisa también debe salir de lo profundo. En este caso, no desde el diafragma, sino desde el corazón. Una sonrisa que no va más allá de los labios, no es buena. Recuerda, los trucos no son los que ejercen influencia sobre las personas, sino los sentimientos reales hacia ellas.

El mejor consejo que jamás haya escuchado acerca de cómo sonreír lo da Joseph A. Kennedy en su folleto *Relax and Sell*, en donde él dice: "Aprende a sonreír en tu interior". También propone: "Es tu SENTIMIENTO lo que llega al subconsciente del cliente, no tu expresión facial. Si tratas de sonreír de una forma consciente, forzando los músculos de tu boca, haces más daño que bien. En lugar de eso, olvídate de tu boca y sonríe mentalmente. Imagina que por dentro estás 'sonriente'. Te relajas cuando lo haces, pues es imposible sentirte amigable y estar tenso, o sentirte hostil y estar relajado".

---

1. New York: Harper & Brothers, 1951.

¡Deja escapar una sonrisa!

Una sencilla razón por la cual muchos de nosotros no sonreímos con mayor frecuencia, o no lo hacemos con mayor sinceridad, es por el hábito que tenemos siempre de contener nuestros verdaderos sentimientos. Hemos aprendido que no es bueno mostrarle al mundo lo que en verdad sentimos. Tratamos de no mostrar nuestros sentimientos, ni revelarlos en nuestra expresión facial. A lo mejor pienses que no tienes una "buena sonrisa" y que nunca vas a aprender a sonreír atractivamente.

Pero en mi experiencia he visto que quienes nos rodean se ven bendecidos con una buena sonrisa. Esto es algo que todos tienen en su interior y es sólo cuestión de dejarla salir. Hay que superar el temor a mostrar tus verdaderos sentimientos, dejarlos salir y la sonrisa saldrá por sí misma pues cuando te sientes amigable, y te sientes bien con el mundo, necesitas manifestar tu sonrisa.

Todo lo que se necesita es algo de práctica para expresar tus sentimientos. Verás que entre más practiques, menos inhibido te sentirás. He visto cómo personas que antes eran malhumoradas y no mostraban ninguna expresión han logrado desarrollar una sonrisa atractiva con sólo practicar a diario el *dejarla salir*. Cuando te sientas amigable, sólo "deja salir lo que realmente eres". No te avergüences ni te intimides por dejar que tu rostro diga: "¡Vaya, me alegra verte!".

Cómo usar la magia del espejo

Trata de practicar cada mañana ante el espejo del baño. Recuerda algo agradable, algo que te haya gustado mucho y te haya hecho reír bastante. Luego, sólo deja que ese sentimiento se vea en toda tu cara. Piensa en todo lo maravilloso que te pueda suceder hoy, imagina que le vendes a cada una de las personas que llames y que te relacionas muy bien con quienes te encuentres. Evoca "sentimientos agradables", luego deja que salgan.

¿Te parece tonto? ¿No crees que algo tan sencillo puede hacer alguna diferencia en la manera como las personas reaccionan contigo? Frank Bettger, al escribir en la revista *Your Life*, dice cómo usó una *sesión de práctica de sonrisa diaria en la mañana* para recrear su personalidad en muy poco tiempo. Pronto vio que su habilidad para interrelacionarse avanzaba más rápido y lo recibían en términos más amigables. Sus ventas se dispararon.

Cómo desarrollar una sonrisa genuina

No te preocupes si en un principio se te dificulta evocar un sentimiento "sonriente". Prosigue y de todas formas usa los movimientos. Puedes decirte a ti mismo la palabra "ríe" delante del espejo. Haz que los músculos con los que sonríes se calienten y comenzarás a sentirte más optimista. Nuestras acciones determinan nuestros sentimientos, así como nuestros sentimientos determinan nuestras acciones. William James dijo en una ocasión que es imposible sentirse pesimista cuando los extremos de tu boca están hacia arriba, y es imposible sentirte optimista cuando los extremos de tu boca están hacia abajo.

Charles Darwin, quien postuló la teoría de la evolución, escribió un libro científico poco conocido titulado *Expression of Emotions in Man and Animals* en el que mostró todas las razones científicas por las cuales tenemos cierta expresión corporal que hace juego con determinadas emociones. También llegó a la conclusión de que las emociones y las expresiones están tan entretejidas en nuestro sistema de hábitos que sencillamente no puedes sentir una emoción por completo, a menos que la expreses.

El mismo acto de sonreír ayuda a que te sientas más amigable. Practicar en el espejo te ayuda a desarrollar una sonrisa agradable y genuina porque te obliga a usar los músculos de sonrisa correctos y a recordar las acciones de una sonrisa real, en lugar de una falsa. Quienes te dan una sonrisa falsa y superficial en realidad no están sonriendo. Ni siquiera están usando los músculos correctos para sonreír. Y si se vieran en un espejo entenderían que no están sonriendo de verdad. Por este motivo, las personas con sonrisa falsa no logran un genuino sentido de amistad al sólo usar el movimiento de la sonrisa. Ellas están repasando los movimientos de una sonrisa postiza, pero el único sentimiento que tienen es el de falsedad.

Todos podemos reconocer una sonrisa real cuando la vemos. Practica ante el espejo hasta que veas una *sonrisa real*. Muchas personas nunca han aprendido cómo se siente esa clase de sonrisa.

Prueba el poder de una sonrisa

Hace poco di una charla al personal de una destacada cadena de tiendas de productos lácteos en todo Ohio y estados aledaños. Mi charla incluía algunos consejos sobre cómo sonreír y la magia que se logra cuando se usa una sonrisa correctamente.

Unas semanas después tuve la oportunidad de reunirme con una de las secretarias que estuvo presente en la charla. Ella estaba muy entusiasmada y ansiosa por hablarme de algunos de sus maravillosos descubrimientos. Después de escucharme ella decidió poner a prueba mi teoría sobre sonreír y optó por hacer la prueba durante las compras que iba a realizar al día siguiente en su hora de almuerzo. El día siguiente resultó ser un día muy húmedo, estaba lloviendo mucho y en general parecía un día desagradable y depresivo. Sin embargo las tiendas estaban llenas y ella estaba desesperada por comprar los cinco artículos que necesitaba porque estaban en departamentos diferentes de tres tiendas distintas.

Ella recordó mi sugerencia de darle una gran sonrisa a la otra persona antes de decir alguna palabra. Pudo hacer sus cinco compras en menos de 30 minutos. Nunca antes había logrado hacer tantas compras en tan poco tiempo. Estaba muy emocionada porque había recibido los mejores servicios y el mejor trato en todas las tiendas. Un mostrador estaba rodeado de un grupo grande de mujeres ansiosas por que las atendieran. La mayoría de ellas estaba frunciendo el ceño con impaciencia. La joven mujer atrajo la vista de la vendedora y le dio una gran sonrisa, ¡y la atendieron primero!

Usa tu activo de un millón de dólares

Si no estás usando tu sonrisa, eres como un hombre con un millón de dólares en el banco pero sin chequera. Una sonrisa es el capital de un millón de dólares en tu inventario de relaciones. De mi extensa experiencia tratando con personas y enseñando a otros a desarrollar sus sonrisas en mis Clínicas de Relaciones Humanas y Ventas he llegado a la conclusión de que todos tenemos una sonrisa de un millón de dólares encerrada en nuestro interior.

¿Qué más contiene la magia de una sonrisa

Hazle un elogio a alguien, sonríe, y ese hecho multiplicará muchas veces el elogio. Pídele un favor y sonríe, así se sentirá casi obligado a hacerlo. Acéptale el favor y sonríe, así aumentas el aprecio que la otra persona siente.

Incluso cuando tengas que "hablar sin rodeos", una sonrisa saca el aguijón. "Sonríe cuando lo digas", le decimos a un amigo, y si sonríe, casi todo lo que diga es verdad.

Cuando conozcas a alguien por primera vez, sonríe, y esa persona sentirá que te ha conocido durante toda su vida.

Aunque tuvieras todo el dinero del mundo, no podrías comprar un elixir mágico como ese. Sin embargo el Buen Señor te dio esa magia. Todo lo que tienes que hacer es sacarla de su escondite, quitarle el polvo y usarla.

EL CAPÍTULO 7 EN POCAS PALABRAS

1. Las relaciones humanas suelen llegar a un punto muerto porque cada parte tiene miedo de hacer el primer movimiento.

2. No esperes a recibir una señal por parte de la persona que te interesa. Asume que ella va a ser amigable y compórtate en consecuencia.

3. Adopta la actitud que deseas que la otra persona adopte. Compórtate como si esperaras agradarle.

4. Asume el riesgo de que la otra persona va a ser amigable. Siempre es una lotería, pero por cada vez que pierdas, ganarás 99 más, si sólo le apuestas a ser amigable. Rehúsate a correr el riesgo y vas a perder todas las veces.

5. No seas un castor ansioso, y mucho menos, demasiado ansioso. No te desgastes tratando de agradar a otra persona. Recuerda, una cosa es ser demasiado encantador y otra es esforzarse demasiado por serlo.

6. Sólo relájate y da por hecho que vas a agradar.

7. Usa la magia de tu sonrisa para relacionarte fácilmente.

Comienza hoy, empieza a desarrollar una sonrisa genuina practicando delante del espejo. Tú sabes cómo es una sonrisa real cuando la ves. El espejo te dirá si tu sonrisa es real o falsa. También, al recorrer los movimientos de la sonrisa, adoptarás el hábito, y esto te hará más sonriente.

CUARTA PARTE

CÓMO USAR LAS TÉCNICAS DE CONVERSACIÓN EFECTIVA PARA TRIUNFAR

8. Cómo desarrollar destrezas mediante el uso de las palabras

9. Cómo usar esa técnica que un juez de la Corte Suprema llamó "magia blanca"

10. Cómo lograr que los demás vean las cosas a tu manera... ¡Y rápido!

8

CÓMO DESARROLLAR DESTREZAS MEDIANTE EL USO DE LAS PALABRAS

Si hablar con otros es uno de tus puntos más débiles en cuanto a relaciones humanas se trata, te animo a leer el interesante y útil libro de Harry Simmons, *How to Talk Your Way to Success*[1].

Después de más de 25 años trabajando como administrador de empresas y en relaciones humanas, Simmons dice que ha encontrado que el éxito suele depender tanto de tu capacidad o incapacidad para hablar como de tu capacidad para hacer el trabajo.

Cuando supe por primera vez acerca del libro de Simmons me pareció una exageración. Pero luego empecé a pensar en los hombres y mujeres exitosos que conozco. A medida que avanzaba en la lista, resultó que cada uno de ellos era un buen conversador.

---
1. Englewood Cliffs, N. J.: Prentice-Hall, Inc., 1954

Lo único que los triunfadores tienen en común

Wilfred Funk, Director Editorial de la revista *Your Life*, hizo un estudio sobre miles de hombres y mujeres exitosos tratando de hallar un común denominador y encontró que lo único que ellos tenían en común era una *destreza en el uso de las palabras*. Encontró que el poder adquisitivo y las destrezas conversacionales estaban tan ligados que con seguridad podrías esperar aumentar tus ingresos con sólo aumentar tu capacidad de conversación.

La felicidad depende del habla

Nuestra felicidad también depende en gran medida de nuestra capacidad de comunicar a los demás nuestras ideas, deseos o decepciones por medio de la conversación. Los exploradores que vuelven de expediciones solitarias te dirán que lo que más extrañan son las "conversaciones triviales" con otros seres humanos. Los psiquiatras han encontrado que muchas personas son infelices porque, por una u otra razón, no pueden expresarse a sí mismas y llevan sus ideas y emociones por todas partes encerradas en su interior.

Cómo "entablar" una conversación

Muchos se ven impedidos porque no saben cómo iniciar una conversación, especialmente con un extraño. Tienen una gran reserva de ideas interesantes a disposición, si tan sólo supieran cómo usarlas. Pero se contienen porque puede parecer tonto comenzar de repente con una observación profunda sobre la naturaleza del hombre o del universo, y temen ser vistos como aburridos u obvios si salen con algo tan trillado como: "Bueno, parece que va a llover".

William James dio en el clavo cuando dijo que la razón por la cual a muchos les resulta difícil ser buenos conversadores es porque "tienen miedo de decir algo demasiado trivial y obvio, o algo falso, o algo que no valga la pena escuchar, o que de alguna manera no sea adecuado para la ocasión".

Su remedio un tanto en broma fue: "Las conversaciones florecen y la sociedad es refrescante... cuando las personas dejan de frenar su corazón y permiten que sus lenguas se muevan automática e irresponsablemente como quieran".

Deja de tratar de ser perfecto. John D. Murphy, escribiendo para la revista *Your Life,* en un artículo titulado *Deja de tratar de ser perfecto*, dijo:

"Nadie puede brillar en todo momento. Al hablar mientras pensamos no expresamos las mejores palabras ni joyas literarias. Éstas salen inesperada y espontáneamente cuando nos relajamos y dejamos a un lado el miedo de ser nosotros mismos... Ruskin dijo en una ocasión que escribía bien sólo cuando no estaba tratando de escribir bien. Henry James, el Anciano, en una ocasión le escribió a un amigo: 'La gente suele preguntarme ¿qué piensas?'. ¿Cómo puedo saber lo que pienso mientras no abra la boca y lo exprese?

La mayoría de nosotros tiene una imagen mental completamente falsa de lo que se espera de nosotros. Shakespeare no tenía miedo de ser trivial. Elige cualquier clásico... y encontrarás largos pasajes de total aburrimiento...

La semana pasada escribí unas notas sobre respuestas conversacionales dadas por las eminencias más populares de la televisión. Los siguientes son unos ejemplos reales: 'No, ¿en serio?' 'No lo digas'. 'Bueno, ¡vaya! Eso es algo'. 'Bueno, ¿qué sabes de eso?'.

Incluso en las conversaciones más estimulantes el 50% de lo que se dice no sólo es trivial sino completamente sin sentido... por lo menos en las etapas iniciales. Después de un periodo de 'calentamiento', toda la conversación puede tornarse genuina, a no ser que los participantes no estén demasiado interesados en hacerlo. Es como buscar oro. Ningún buscador de oro en sus cabales rechazaría ni se sentiría avergonzado de un mineral que no haya pasado por la prueba de oro de 24 quilates. Si para empezar no estás dispuesto a remover una cantidad de roca y tierra que no tienen valor, junto con una pequeña cantidad de oro, nunca cavarás hasta donde la veta es más rica".

Las conversaciones triviales no tienen que ser brillantes. Todos somos triviales. Todos participamos en "conversaciones superficiales" que no dicen nada inteligente o significativo. Este tipo de conversaciones son necesarias para ponernos en movimiento. Cuando entiendas esto, y dejes de tenerle miedo a ser superficial, encontrarás que también te es posible entablar una conversación, incluso con un completo extraño, y quizás te sorprendas al ver que en muchos casos *estás* diciendo cosas inteligentes e interesantes, sólo porque no lo estás intentando.

Cómo hacer calentamiento para llegar a tu tema. Al comenzar una conversación debes estar dispuesto a pasar por un periodo de calentamiento. No esperes que la charla esté "caliente" desde su mismo comienzo. Escucha a los expertos en televisión. Ellos saben que las conversaciones cortas no sólo pueden dar inicio a una conversación, sino que se pueden usar para preparar y relajar a quien escucha. Ellos no tratan de extraer alguna idea interesante de su interlocutor hasta que él o ella ha entrado en calor: "Bueno, ¿cómo te llamas? ¿De dónde eres? ¿A qué se dedica tu esposo? ¿Cuántos hijos tienes? ¿Por cuánto tiempo vas a estar aquí? ¿Qué te trajo a New York?".

Probablemente digas, ¿a quién le importa? Sin duda no hay nada brillante o inteligente en estas preguntas, pero ellas hacen que la conversación fluya, y tienden a hacer que la otra persona se muestre.

Cómo sacar una conversación interesante de otros. Escucha las respuestas dadas por estos expertos. Cuando la invitada dice que es de Sioux City, él dice: "¡Sioux City!". Cuando ella dice que es casada y tiene cinco hijos, él dice "¡cinco hijos!". Bueno, qué bien".

Estos hombres no son superficiales ni tontos. Pero siguen la veta, dando respuestas y haciendo comentarios completamente vanos y superfluos mientras que, tanto ellos como la otra persona, hacen el calentamiento. En poco tiempo se verán pasando a aspectos interesantes, observaciones inteligentes, incidentes chistosos.

Ahora, si estos expertos, a quienes se les pagan miles de dólares a la semana por sus habilidades conversacionales, no pueden comenzar de inmediato a toda marcha, ¿qué te hace pensar que tú sí puedes? Si ellos no tienen miedo de ser superficiales y obvios, ¿por qué tú sí?

Haz que tu interlocutor hable de sí mismo. La siguiente vez que te presenten a alguien y "no se te ocurra qué decir", aprende de estos expertos de radio y televisión. Trata de hacer un calentamiento con el recién conocido haciendo preguntas como estas:

"¿De dónde es usted, Sr. Jones?".

"¿Cuánto tiempo piensa permanecer en nuestra ciudad?".

"¿Cómo le parece nuestro clima?".

"¿Tiene familia?".

"¿A qué se dedica?".

Sin duda estos son muy buenos elementos de calentamiento porque hacen que la otra persona hable de sí misma. Rompen el hielo y descongelan a tu interlocutor porque muestran que estás interesado en él. No tienes que buscar un tema sobre el que puedan hablar. Comienza con *el tema* en el que él sea experto.

La palabra *inicia* una conversación es importante. Tú "inicias" una conversación así como "inicias" una hoguera. No esperas iniciar de inmediato con un fuego ardiente. Para empezar usas sólo un cerillo. El hecho de que hablemos de "romper el hielo", "descongelar" a la otra persona, y cosas similares, muestra que inconscientemente reconocemos que una buena conversación requiere un periodo de "calentamiento".

Cómo romper el hielo con extraños. Verás que puedes usar este mismo método para iniciar conversaciones con extraños en aviones, buses y trenes. Harás tu viaje más placentero y muy seguramente conocerás a alguien que se convierta en un amigo permanente. No intentes pensar en decir algo profundo o inteligente. Sólo haz alguna observación o una pregunta. Comenta sobre lo que sucede a tu alrededor.

"Bueno, por lo visto finalmente arrancamos".

"¡Vaya! Aquí está haciendo calor, quisiera que los de adelante abrieran las ventanas".

Otro buen método es hacer preguntas. Pedir información no sólo rompe el hielo con la otra persona, dándole una entrada, sino que también hace que ella sienta que está en posición de hacerte un pequeño favor.

"¿Puedes decirme qué hora es?".

"¿A qué hora llega este avión a Kansas City?".

"¿El bus de Riverside pasa por acá?".

¿Sencillo? ¿Fácil? Seguro que sí. Así es como se inician las conversaciones. La razón por la cual la mayoría de personas no inicia una conversación es porque se esfuerza demasiado y trata de hacer de la misma algo difícil.

Los retornos y los semáforos en verde mantienen viva la conversación

El arte de ser un buen conversador consiste en no pensar tanto en decir muchas cosas inteligentes, ni relatar experiencias heroicas, sino en abrirte a la otra persona y lograr que hable.

Si logras estimular a tu interlocutor para que hable, adquirirás la reputación de buen conversador. Es más, si haces que el otro hable y siga hablando, nada funcionará mejor para hacer que entre en calor en la conversación *contigo* y se interese más y sea más receptivo con *tus ideas*, cuando tú hables.

Un amigo hace poco me habló de sus muchos intentos fallidos por salir a un muelle de pesca para alcanzar a tener una buena vista de unas competencias de botes que estaban teniendo lugar en la bahía. Todas las veces un policía lo detuvo. "Ya hay muchas personas allá", decía el policía, "y no puedo dejar que nadie pase al muelle a menos que algunas de ellas salgan".

"Éramos cuatro personas", dijo mi amigo, "incluyendo a una mujer que tenía reputación de buena conversadora. Cuando fui rechazado la tercera vez, ella dijo, 'Déjame intentarlo'. Fue y habló con el policía durante unos cinco minutos, luego nos hizo señas de que fuéramos y nos dejó pasar. Cuando le pregunté qué le había dicho, ella me dijo: 'Ah, no le pregunté si podíamos pasar al muelle, sólo empecé a hablar con él. Le pregunté si no tenía mucho calor por tener que pararse ahí bajo el sol, y dijo que su trabajo era un tanto fastidioso al tener que vigilar a tanta gente. Me dijo que le gustaba pescar y cosas así, luego le dije que estábamos aquí y queríamos ver las carreras pero estábamos muy decepcionados porque no podíamos ver nada desde el rompeolas. Luego él dijo: 'Por qué no salen al muelle, pueden ver bien desde allá'".

"Tú" es una palabra mágica. Esta historia es una muy buena ilustración de uno de los secretos para hacer que la conversación obre a tu favor. Se puede expresar así: "Dale a tu conversación un giro en U y la otra persona te dará una luz verde".

En el tráfico seguro no sea correcto hacer un "giro en U" pero en una conversación es obligatorio. *Tú* es una palabra mágica si la usas correctamente. La mayoría de nosotros tiene la tendencia a hacer que la conversación gire en torno a *mí y yo*. Cuando hacemos eso, la otra persona está en posición de darnos una luz roja. Eso es lo que le sucedió a mi amigo que intentó obtener el permiso del policía para entrar al muelle. Simplemente fue y habló sobre "yo" y "mí". "Me gustaría pasar al muelle". "¿Me permitiría pasar?".

El policía le dio una luz roja y lo detuvo en seco. Dudo que el policía haya escuchado todo lo que él dijo, probablemente encendió una luz roja en su mente y no lo escuchó.

Por otro lado, cuando la mujer fue y comenzó a hablar con el policía, enfatizando el "tú" en la conversación, hizo que él se hiciera amigable, y no sólo le dio una luz verde, sino que de hecho la invitó a pasar al muelle.

Recuerda lo dicho en los capítulos anteriores de este libro en cuanto a que los seres humanos están siempre interesados en sí mismos. Aplica este conocimiento entendiendo el "tú" como una señal de avance en la conversación, mientras que el "yo" es una señal de alto.

Cómo hacer preguntas para interesar a otros. Haciendo preguntas puedes mantener la conversación enfocada en la otra persona. ¿Por qué? ¿Dónde? ¿Cómo?

Cuando alguien dice: "En Indiana tengo una pequeña porción de tierra de 25 acres", no te apresures a decir, "Bueno, yo tengo 500 acres en Texas y en ellos tengo 50 pozos petroleros". En lugar de eso di algo como: "¿En qué parte de Indiana? ¿Qué tienes allá?".

Si te dice que tiene un bote de pesca, no digas: "Déjame contarte de mi avión privado". En lugar de eso, di: "¿De qué longitud?" "¿Es de motor fuera de borda? ¿Hace cuánto lo tienes?".

"¿Por qué lo hiciste?".

"¿Cómo lograste hacerlo?".

"¿Y qué dijiste luego?".

Estas, y preguntas similares, te darán la reputación de ser uno de los conversadores más interesantes que tu interlocutor haya conocido.

Un pecado mortal en las relaciones humanas y cómo evitarlo

Recuerda, los seres humanos somos egoístas por naturaleza. Siempre, para empezar, y para terminar, estamos interesados en sí mismos, en *mi* trabajo, *mi* familia, *mi* pueblo natal, *mis* ideas. Incluso la pregunta ¿de dónde *eres*? muestra que estás interesado en la otra persona, y por consecuencia hace que se interese en ti.

No seas como el joven dramaturgo que, después de hablar de sí mismo y sus obras durante dos horas, le dijo a su novia: "Pero ya hemos hablado mucho de mí. Hablemos de ti. ¿Qué *opinas* de mis obras?".

Recuerda que también eres un ser humano y para ti es natural ser tentado a comenzar de una vez a hablar de ti. Lo que quieres es brillar, impresionar a tu interlocutor. Pero la verdad del caso es que tendrás una mayor calificación de estima por parte de la otra persona si haces que la conversación gire en torno a ella y no en torno a ti. Tendrá una opinión más alta de ti, y te considerará alguien mucho más inteligente.

Una buena regla a seguir es sólo hacerte mentalmente esta pregunta: "¿Qué es lo que en verdad quiero de esta situación?" ¿Quieres brillar e inflar tu propio ego, o quieres hacer negocios con la otra persona, lograr que ponga su firma sobre la línea punteada, su permiso para hacer algo o su buen ánimo? Si quieres inflar tu propio ego, adelante, habla exclusivamente de ti, pero no esperes lograr nada más de la conversación.

Cuándo hablar de ti mismo

Los oradores públicos hablan de sí mismos. Hablan de sus experiencias, sus viajes, sus hazañas, sus ideas. Pero recuerda algo: estos hombres son *invitados* a hablar de sí mismos. Se les *pide* que hablen de ellos, y la audiencia sabe que de eso se trata. No tienen una audiencia cautiva, sino una audiencia voluntaria. Las personas que asisten, saben con anticipación que van a escuchar a "Joe, pelo en pecho" hablar de "sus aventuras en las selvas de África".

Si no tienes contratado un salón y no lo has anunciado por anticipado, tus oyentes no tienen cómo saber que van a quedar cautivos y obligados a escucharte hablar de tus hazañas.

El tiempo para hablar de ti mismo es cuando te han *invitado* y te han *pedido* que lo hagas. Puedes estar seguro que si la otra persona está interesada, te lo pedirá. Cuando te ofrezca una invitación a hablar de ti, no te quedes callado ni te salgas por la tangente. Cuéntale algo de ti. Se sentirá halagada de que estés con un ánimo lo suficientemente amigable como para contarle un poco de ti. Pero no exageres. Responde sus preguntas, luego vuelve de nuevo la luz hacia él o ella.

Usa la técnica de "yo también". Otro momento en el que psicológicamente es correcto incluirte en la conversación, es cuando puedes decirle a la persona algo de ti que coincidirá con algo que él o ella haya dicho, o que forme un lazo entre los dos.

Si dice: "Fui criado en una granja" y tú dices: "Yo también", y le cuentas un poco de tus experiencias en la granja, eso hará que se sienta más importante.

Si menciona que come helado al desayuno, y tú haces lo mismo, no dejes de decirlo. Si dice que nació en el pequeño pueblo de Swamp-water, y resulta que tú solías pasar allá tus vacaciones de verano, cuéntaselo.

La magia que tiene el estar de acuerdo

Esta es la razón por la cual el ego de la otra persona se eleva cuando te incluyes en la conversación formando un lazo entre los dos. Al hacerlo en realidad estás diciendo: "Estoy de acuerdo contigo", "Yo también soy así", "Eso también me gusta", "Yo también creo lo mismo", "Me parezco un poco a ti". Todo lo que tenga que ver contigo o tu experiencia pasada, y que muestre que eres como la otra persona, ayudará a que le agrades de forma automática.

Nos agradan quienes están de acuerdo con nosotros. Y no nos gustan quienes no. Cada persona que está de acuerdo con nosotros confirma nuestro valor propio y nuestra autoestima. Todo el que no esté de acuerdo con nosotros es una amenaza potencial contra nuestra autoestima. En resumen, cuando estás de acuerdo con otra persona, la ayudas a agradarse más a sí misma.

Aún si hay puntos en los que sabes que no puedes estar de acuerdo con tu interlocutor, busca siempre algunos puntos en los que sí coincidan. Cuando has establecido una base, así sea pequeña, sobre la cual puedan estar de acuerdo, les será mucho más fácil tratar aquellos temas en los que no concuerdan.

Usa la "conversación alegre"

Otro secreto para ser un buen conversador y hacer que la gente quiera hablar contigo es seguir el consejo de la canción de *South Pacific* y usar la "Conversación alegre" lo que más puedas:

A nadie le gustan las personas hoscas y melancólicas.

A nadie le gusta sentarse a escuchar a un profeta de condenación.

A la gente no le gusta escuchar malas noticias.

La persona que cae en el hábito de siempre hablar con pesimismo, de señalar que el mundo está en constante decadencia, o de contar todos sus problemas personales, no ganará ningún concurso de popularidad.

Si tienes que hablar con alguien sobre problemas personales, busca a tu pastor, a tu psicólogo, o a un amigo confiable y comprensivo. Pero no ventiles tus problemas en público. No hables una y otra vez de tu operación, no describas cada punzada que sufriste desde que entraste al hospital hasta que volviste al trabajo. Hablar de todo lo que sufriste no te hará un héroe. Sólo te hará aburrido.

Siéntate y escríbete una carta

Si tienes algo en tu corazón, y sientes que debes contarle a alguien todos tus problemas o lo injustamente que te han tratado, intenta esto: escríbete una carta. Escribe exactamente cómo te sientes. No te guardes nada. Repasa todos los detalles respecto a cómo te han ofendido otras personas y lo injusto que ha sido. En serio, puedes mostrar que es un gran problema.

Luego, cuando hayas terminado, no le envíes a nadie la carta. Quémala. Ha cumplido con su propósito de darte un desahogo y verás que experimentarás un gran sentimiento de alivio. Pero lo más importante para tus relaciones humanas es que liberará tus emociones y ya no te sentirás impulsado a contárselas a alguien. A veces es necesario escribir todo dos o tres veces. Pero después de eso, encontrarás que ni siquiera quieres pensar más en el tema y mucho menos contárselo a todos con los que te encuentres.

Lo que tu mejor amigo nunca te dirá

Si quieres ser popular en tu conversación, intenta superar la tentación de bromear, molestar o de ser sarcástico.

La mayoría de nosotros les hacemos bromas a otros porque creemos que les gustarán. Los esposos molestan en público a sus esposas porque tienen la noción errada de que es una forma tierna de mostrar afecto. Hacemos comentarios sarcásticos esperando que la otra persona reconozca nuestra inteligencia, vea el humor en el sarcasmo y no lo tome como una ofensa personal.

Pero molestar y hacer bromas va contra la autoestima del otro. Y cualquier cosa que amenace la autoestima es un negocio peligroso, incluso cuando se hace por diversión. El sarcasmo siempre tiene un elemento cruel en sí mismo y siempre está funcionando para hacer que la otra persona se sienta menos.

Las encuestas de investigación han mostrado que a las personas no les gustan las bromas, incluso cuando vienen de sus amigos más cercanos. Pero, no nos gusta que nuestros amigos sepan que no nos gustan las bromas por temor a que piensen que no somos un buen apoyo. Así que hasta tu mejor amigo no te dirá que no le gustan.

En muy pocos casos, y entre amigos muy cercanos, las bromas son vistas con buen agrado, y sólo si son cosas menores y no se hacen por mucho tiempo. Si la otra persona te ha conocido lo suficiente, le agradas lo suficiente y si no exageras, puedes bromear sin problemas. Pero hay muchas probabilidades en tu contra y es mucho más seguro no intentarlo.

EL CAPÍTULO 8 EN POCAS PALABRAS

1. El éxito y la felicidad dependen en gran medida de nuestra capacidad de expresarnos. Por lo tanto, comienza hoy a estudiar cómo mejorar tu capacidad de conversación. Sigue haciéndolo cada día.

2. Practica entablar conversaciones con extraños usando la técnica de calentamiento al hacer preguntas sencillas o haciendo comentarios obvios.

3. Para ser un buen conversador, deja de ser perfecto y no temas ser trivial. Las perlas y las joyas en la conversación vienen sólo después de que has sacado mucho mineral de bajo grado.

4. Haz preguntas para lograr conversaciones interesantes con otros.

5. Anima a la otra persona a que hable de sí misma. Habla sobre los intereses que ella tiene.

6. Usa la técnica del "yo también" para identificarte con quien estás hablando y sus intereses.

7. Habla de ti mismo sólo cuando la otra persona te invite a hacerlo. Si quiere saber de ti, preguntará.

8. Usa la "conversación alegre". Recuerda, a nadie le gustan las personas hoscas y melancólicas ni los profetas de perdición. Guarda tus problemas para ti mismo.

Elimina de tus conversaciones las bromas, el molestar y el sarcasmo.

9

CÓMO USAR ESA TÉCNICA QUE UN JUEZ DE LA CORTE SUPREMA LLAMÓ "MAGIA BLANCA"

Cuando un aspirante a político le pidió consejo al Juez Oliver Wendell Holmes sobre cómo ser elegido para el cargo, el Juez Holmes le escribió:

Poder escuchar a otros de manera comprensiva y amable es probablemente el mecanismo más efectivo del mundo para llevarse bien con la gente y lograr su amistad para bien.

Pocos practican la "magia blanca" de ser buenos oyentes.

En cierta manera, cada uno de nosotros está en "campaña política" todos los días de su vida. Aquellos con quienes nos reunimos y hablamos a menudo están analizándonos y evaluándonos. En su mente "votan" a favor o en contra nuestra. Nos dan un voto de confianza o de desconfianza. Deciden si hacer tratos con nosotros o no, según el caso. En más ocasiones de las que lo notes, el factor decisivo que nos da puntos a favor es: "¿Qué tan bien escuchaste a tu interlocutor?".

Conoces a cierta persona y después de despedirte sientes que nada salió como te habría gustado. Tienes un leve sentimiento de que votó en tu contra. Te preguntas: "¿Qué fue lo que dije para que se pusiera en mi contra?" o "¿Qué otra cosa pude haber dicho para que fuera más amigable, más amable con mis ideas?". Lo más sorprendente es que la respuesta bien puede ser: "Nada".

Fracasaste no por nada que hayas dicho, o dejado de decir, sino porque *no escuchaste* adecuadamente.

Escuchar te hace "inteligente"

La mayoría de nosotros quiere que los demás nos consideren personas inteligentes, ingeniosas, "listas".

Pero nadie elegirá como "inteligente" a aquel que va por todas partes haciendo "observaciones sabiondas", mostrando siempre sus "conocimientos". En lugar de eso, esta clase de sujeto logrará ser elegido como el más "egotista", "sabelotodo" y "fanfarrón".

Pero hay un camino seguro para convencer a los demás de que eres una de las personas más inteligentes y sabias que jamás hayan conocido. Escucha y presta atención a lo que *la gente* tiene para decir. El hecho de que le des suficiente importancia a lo que te están diciendo, que escuches atentamente, de modo que no te pierdas ninguna palabra, les demuestra a los demás que eres muy inteligente. Alguien dopado no tendría todos los sentidos para ver lo valiosas e importantes que son las palabras de la otra persona, y por consiguiente, no necesitaría prestarle mucha atención.

En una ocasión Walt Whitman y un amigo iban caminado por la calle cuando Whitman se detuvo y entabló una conversación con un extraño. Durante 15 o 20 minutos, Whitman monopolizó la conversación, mientras la otra persona apenas abrió su boca. Al partir, Whitman le dijo a su amigo: "Ese es un hombre inteligente".

"¿Cómo sabes que es inteligente?", preguntó sorprendido su amigo, "casi no dijo nada".

"Me escuchó, ¿correcto?", preguntó Whitman. "Eso demuestra que es una persona inteligente".

Detente por un momento y piensa en tus amigos y conocidos. ¿Quiénes tienen la reputación de ser inteligentes y sabios? ¿Cuál es tu voto en este sentido? ¿Votas por el que siempre está hablando? ¿Por aquel que siempre está listo para dar una respuesta a todo, incluso antes de saber la pregunta? ¿Por el que interrumpe para dar su respuesta antes que el otro termine de hablar? ¿O votas por la persona que escucha mucho?

Un amigo mío lo dice de esta forma: "El Señor nos dio dos oídos y sólo una boca. Sin duda, Él quería que escucháramos el doble de lo que hablamos".

Si escuchas, las personas te dirán qué es lo que quieren de ti

Uno de los principales diseñadores de autos de la nación me ha dicho que para tener éxito en esa industria debes mantener un dedo sobre el pulso del público, así como los oídos bien abiertos a escuchar lo que ese público quiere. Él dice: "Nosotros en realidad no diseñamos nuestros autos. El público lo hace. Lo que hacemos es escuchar. Y cuando el público quiere algo, nos apresuramos a tratar de proporcionarlo".

No puedes batear cuadrangulares en la oscuridad. Todo el mundo quiere tener "éxito" entre quienes lo rodean.

Tener éxito en las relaciones humanas es casi como batear un cuadrangular en un diamante de béisbol, es decir, respondiendo adecuadamente a las bolas que te lanzan. Debes crear respuestas adecuadas a lo que los demás te dicen la mayor cantidad de veces posible.

Las buenas relaciones humanas consisten en una comunicación de doble vía. Es dar y tomar, acción y respuesta. Si no sabes qué es lo que la otra persona desea, cómo se siente en realidad en cuanto a una situación, o cuáles son sus necesidades en particular, entonces no estás en contacto con esa persona. Y si no puedes tocarlo, no puedes moverlo. Si no sabes qué es lo que desea y cómo se siente, estás completamente en la oscuridad en lo que respecta a su posición.

No puedes batear un cuadrangular en el juego de las relaciones humanas, así como no podrías golpear la bola en un diamante de béisbol si estás en completa oscuridad.

Cómo usar tu propio radar para localizar la posición de la otra persona. Lo que la persona con quien te relacionas desea y cómo se siente no debe ser un misterio para ti. Solemos pensar: "Si tan sólo supiera cuál es su posición, sabría qué hacer". Pero no es muy difícil saber cuál es la posición del otro.

Al N. Sears, Vicepresidente de Remington-Rand, y Presidente de la Junta de Ejecutivos de Ventas Nacionales, dice que todo vendedor tiene su propio radar incorporado para localizar la posición del cliente potencial. "Todo lo que tienes que hacer es escuchar", dice Al, y "te lo dirá. La mayoría de personas quiere que conozcamos cuál es su posición y trata de decírnosla. El problema es que apagamos nuestro 'receptor' y empezamos a transmitir".

Hablar demasiado te delata

En el trato con otros a veces tenemos situaciones en las que es importante que no mostremos nuestra propia posición de forma anticipada, sino que en primera instancia necesitamos percibir a la otra persona. La estrategia que se usa en muchos tratos de negocios es la de encontrar primero lo que el cliente quiere, qué está buscando, antes de mostrar nuestras intenciones. Es bueno recordar que así como podemos identificar la posición del otro al escucharlo hablar, cuando nosotros mismos hablamos mucho, estamos dando nuestra posición.

Muchos hombres de negocios exitosos, que tienen la reputación de ser buenos "negociantes" y que pueden "lograr las mejores tratos", han sido considerados como "psíquicos" o lectores de mentes, pero en realidad su secreto no es tan misterioso.

Sencillamente animan a su interlocutor a que hable, y que siga hablando, mientras que ellos logran mantener cerrada su propia boca. Por instinto y experiencia conocen una verdad que Sigmund Freud, el Padre del Psicoanálisis, expresó científicamente. Si puedes hacer que la otra persona hable lo suficiente, entonces no podrá disfrazar sus verdaderos sentimientos o sus motivos reales. Puede tratar lo que más quiera, pero sin duda "se mostrará". Freud escribió un extenso documento sobre los deslices inconscientes de la lengua, mostrando que el subconsciente siempre logra dar a conocer los verdaderos sentimientos y pensamientos, si escuchas con atención lo suficiente y permaneces atento a todas las implicaciones de lo que dice la otra persona.

Así mismo, si no quieres que nadie sepa lo que está en tu mente, si no quieres "mostrar tu juego", mantén cerrada la boca y escucha pues, sin importar cuánto te esfuerces por disimularlo, si hablas lo suficiente, la otra persona lo "encontrará".

Escuchar te ayuda a superar la timidez

Otro truco de "magia blanca" que puedes lograr cuando escuchas, es que te ayuda a superar la timidez y el egocentrismo. Aunque la psicología actual diferencia la "autoestima" del "interés propio", las viejas actitudes de egocentrismo y timidez son más desfavorables que nunca. Ambas son desventajas. Escuchar todo lo que la otra persona dice, prestando total atención a su tono de voz y a las inflexiones de sus palabras, quita el foco de atención puesto en ti.

Y si toda tu atención está puesta sobre la otra persona, lo que está diciendo, lo que desea, cuáles son sus necesidades, no puedes ser tímido ni dejar de prestarle atención porque entonces no interactúas de manera efectiva. Cuando tu concentración está completamente sobre ti, no te relacionarás con el mundo que te rodea. Eres como alguien que al conducir por la autopista sólo mira al parabrisas de su auto, en lugar de mirar a través del mismo y observar el camino que tiene adelante. No se necesita un sabio oriental para predecir que se dirige a un accidente. Muchas colisiones de frente entre dos personas se deben al hecho de que una de los dos tenía su atención puesta en sí misma y no en el otro.

En las relaciones interpersonales es necesario tener una autoestima fuerte y saludable, así como un bailarín necesita un fuerte y saludable par de pies y piernas. Pero, cualquier buen maestro de baile te dirá que "dejes de prestarle atención a tus pies" mientras bailas. Si un bailarín se concentra mucho en sus pies y piensa demasiado en ellos, comenzará a preguntarse si realmente harán lo que él quiere que hagan, de este modo estará listo para caer, o por lo menos se verá raro y mecánico. Aunque los maestros de baile hayan descubierto que el prestarles mucha atención a los pies y piernas puede ser un impedimento, nunca te dirán: "Córtate los pies o las piernas". De hecho, animan a sus estudiantes a fortalecer sus piernas mediante ciertos ejercicios. Cuando un bailarín sabe que sus piernas son fuertes, y que puede confiar en ellas, lo más probable es que se olvide de ellas mientras baila, contrario a lo que pasaría si en secreto temiera que son demasiado débiles para sostenerlo.

De la misma manera los psicólogos modernos ya no nos dicen que desaprobemos nuestro yo, que lo superemos o que eliminemos todos los instintos egoístas. Lo que nos dicen es que quitemos la atención de sobre nosotros para que dejemos de ser egocéntricos, egoístas, tontos y mezquinos.

La mayoría de los consejos del pasado sobre cómo superar el egocentrismo ha estado equivocada. Nos han llevado a creer que es malo interesarse en cualquier aspecto propio y que nos debería dar vergüenza el admitir que tenemos algo de autorrespeto. Como todos tenemos ese deseo de autorrespeto, esta clase de consejo sólo hace que nos interesemos en nosotros mismos más que nunca y mantiene nuestra atención fija sobre nosotros y sobre nuestros propios deseos egoístas. La manera de superar el egocentrismo no es diciéndote que es malo querer tener un alto concepto de ti, sino que mantener toda tu atención sobre ti, sencillamente no funciona.

Un buen bailarín debe "escuchar la música". El secreto de bailar, cuando has aprendido los pasos básicos, no está en decirte conscientemente: "Ahora debo estar seguro de que mi pie derecho esté justo aquí, y luego quiero que mi pie izquierdo dé un corto paso".

Si lo haces, no vas a escuchar la música, y si no escuchas la música, no mantendrás el ritmo ni los pasos. Un buen bailarín mantiene su atención concentrada en la música que la orquesta está tocando y deja que sus pies hagan lo que deben hacer.

Escucha la música de los demás.

Debemos usar la misma técnica para relacionarnos con otros. Debes "escuchar la música" que te está tocando con quien estás, si quieres responder a la misma de una manera que cree armonía en lugar de discordias. Si dejas de escucharla y comienzas a pensar para tus adentros: "¿Ahora qué tengo que decir para superar eso?" o "¿Cómo puedo impresionarlo con mis dos centavos?", perderás el ritmo con la otra persona.

Si sólo escuchas la música y te permites responder, quizá descubras algo sorprendente: que tu propio cerebro funcionará mejor por sí mismo si lo dejas solo, así como tus pies.

Quizás veas que estás siendo más espontáneo y natural, y es casi seguro que te sorprendas con aquellos aportes realmente inteligentes y adecuados que parecen salir de tu boca.

No lo intentes demasiado. William James dijo que la razón por la cual la mayoría de las conversaciones es superflua, es porque cada una de las partes se está esforzando demasiado. Cuando cada una de las partes hace un esfuerzo consciente por "pensar en algo importante" para decir, tiene miedo de que lo que diga no merezca la aprobación del otro. Si más bien se relajan, dijo James, abren sus bocas y dejan que todo fluya, las probabilidades de decir algo en verdad adecuado aumentarían bastante.

Según un artículo publicado en *Saturday Evening Post*, ese es el secreto de Ben Thorton, un famoso banquero y alcalde de Dallas, Texas. Thorton, dice el artículo, tiene la capacidad de siempre decir lo correcto en el momento indicado. Pero rara vez se preocupa por lo que va a decir, incluso atiende a reuniones importantes aparentemente sin preparación.

Thorton no hace discursos detallados palabra por palabra. Sólo se prepara lo que más puede recopilando la mayor cantidad posible de información y datos sobre el tema a discutir. El Dr. Pierce P. Brooks, amigo de Thorton, me dice: "Él tiene un mundo de información para explotar. Él escucha atentamente lo que otros tienen para decir. Siente a la otra persona. No se satisface con sólo saber generalidades de lo que su interlocutor desea, o lo que está en su mente. Él quiere saber con exactitud. Después que ha escuchado a la otra persona, está en posición de pedirle que repita algunas de sus ideas por segunda vez. Luego, tan sólo abre la boca, y lo correcto que se ajusta para la ocasión parece salir automáticamente".

Cómo enriquecerte escuchando

Se ha dicho que Ben Thorton se hizo rico escuchando. Personas de todos los estilos de vida lo reconocen como a un hombre comprensivo. Él entiende a los demás porque los escucha.

Nunca lograrás entender realmente a otro ser humano a menos que estés dispuesto a escuchar con atención, comprensión y paciencia.

Este tipo de escucha te hará rico... rico en dólares, rico en amigos, rico en satisfacción de logros y en felicidad.

Uno de los mejores cumplidos que puedes darle a alguien es simplemente escucharlo. Al escuchar con paciencia le dices: "Vale la pena escucharte". Así aumentas su autoestima pues a todo ser humano le gusta pensar que "tiene algo que decir" que vale la pena.

Por otro lado, lo más desalentador que puedes hacer contra el ego de alguien es quitártelo de encima antes de escuchar lo que tiene para decir. Recuerda, a todos nos gusta que nos "presten atención".

Alguna vez has escuchado a una esposa decir de su esposo algo como: "Él nunca escucha nada de lo que digo. Podría decirle que 'el tanque del agua caliente acaba de explotar' y su respuesta sería, '¿Estás bien?' y volvería a leer su periódico". Probablemente tú no lo hayas escuchado, pero los consejeros matrimoniales sí lo escuchan todos los días.

Has escuchado a un empleado alguna vez decir: "Mi jefe es una buena persona, sólo que nunca escucha. Voy a su oficina, le hablo sobre algún problema y le pido consejo, y antes de llegar a la mitad, él me interrumpe y me da una respuesta adecuada antes de saber por completo de qué le estoy hablando. No es una mala persona, pero si tan sólo escuchara". Quizás no hayas oído esas palabras, pero los comités de quejas en la industria las escuchan una y otra vez.

¿Has escuchado alguna vez a un joven decir: "Mis padres en realidad no me entienden para nada? Intento decirles cómo me siento, cuáles son mis problemas, pero sencillamente no me escuchan. Ellos me tratan como a un niño o pasan por alto mis problemas como si no fueran importantes; a veces hasta se apresuran a decirme cómo debería sentirme, nunca saben cómo es que me siento en realidad". Todos los días los jueces de cortes juveniles escuchan lo mismo, con algunas variaciones.

En nuestro mundo se dan muchos problemas, miseria y fracasos sólo porque alguien no escucha.

Mantén este pequeño consejo pegado en la pared de tu mente, donde lo veas todo el tiempo:

Para tener relaciones interpersonales efectivas debes saber qué es lo que la gente quiere, qué es lo que necesitan y quiénes son. Esto se aplica a enemigos así como a amigos. Se aplica a niños, adultos, peces gordos y don nadies. Y la manera de saber qué es lo que las personas quieren, necesitan y son, es sencillamente ESCUCHANDO.

Siete maneras de practicar el arte de escuchar

Este arte es muy importante, no lo pases por alto sin ponerlo en práctica. Quizá leas algo que suene interesante, estás convencido de que es cierto y decides ponerlo en práctica. Pero si no le prestas atención, en uno o dos días lo habrás olvidado todo. Una manera de evitarlo es escribiendo una lista definida de cosas para hacer y empezar a hacerlas.

Así que "concreta" el conocimiento que ganaste en este capítulo y no dejes que se vaya. Comienza ahora mismo practicando lo siguiente:

1. Mira a tu interlocutor. Vale la pena mirar a toda persona a quien vale la pena escuchar. También ayudará a que te concentres en lo que está diciendo.

2. Muestra a la persona con la que hablas que estás muy interesado en lo que está diciendo. Si estás de acuerdo, asiente. Si dice una historia, sonríe. Responde a sus señales. Trabaja con él o ella.

3. Inclínate hacia la persona que está hablando. ¿Alguna vez has notado que tienes la tendencia a inclinarte hacia un conversador interesante, y que te alejas de alguien aburrido?

4. Haz preguntas. Esto comunica que sigues escuchándole.

5. No interrumpas, más bien, pídele que te hable más. La mayoría de personas se siente muy halagada si no las interrumpes hasta cuando hayan terminado. Pero se sienten el doble de halagadas si las animas a seguir hablando. "¿Puedes ampliar un poco más ese último punto?", "Me gustaría saber un poco más acerca de lo que dijiste respecto a esto o aquello".

6. Mantén el tema de conversación. No lo cambies hasta cuando la persona haya terminado, no importa cuán ansioso estés por comenzar uno nuevo.

7. Usa las palabras de la otra persona para comunicar tu propio punto. Cuando haya terminado de hablar, repite parte de lo que haya dicho. Esto no sólo demuestra que has estado escuchando, sino que es una buena manera de presentar tus propias ideas sin oposición.

Introduce algunos de tus propios comentarios con frases como: "Como dijiste...", "Es justo lo que dijiste".

10

CÓMO LOGRAR QUE LOS DEMÁS VEAN LAS COSAS A TU MANERA… ¡Y RÁPIDO!

Todos los días surge una situación en la que necesitamos persuadir a alguien de que acepte nuestro propio punto de vista. Algún desacuerdo surge con nuestra esposa o esposo, nuestros hijos, o el jefe, el vecino, un cliente, un empleado, con un amigo o un enemigo.

Así que decimos: "Si tan sólo pudiera hacer que viera las cosas a mi manera".

Mira estos ejemplos:

1. Supón que eres el vendedor en una tienda minorista y llega un cliente exigiendo que le den un nuevo refrigerador a cambio del que compró, pero ya han pasado dos meses después del vencimiento de la garantía. Intentas explicarle que la empresa reparará el viejo refrigerador, pero no le pueden dar uno nuevo. Pero el cliente no lo acepta. ¿Cómo solucionarías esta diferencia de opinión?

2. Estás en una reunión y tu jefe propone la idea de hacer una promoción de ventas que en la superficie parece buena pero le ves muchos defectos a la idea y crees que también va a costarle mucho dinero a la compañía y perderá más clientes en lugar de ganar nuevos. ¿Cómo haces para convencer a tu jefe de que su idea no va a funcionar?

3. Tu esposa quiere que tu hijo estudie en una escuela privada. Hay muchas razones que te llevan a creer que a él le iría mejor en una escuela pública. ¿Cómo logras comunicar esas ideas?

4. Sientes que mereces un aumento de sueldo y que la compañía bien puede pagarte más. Le mencionas la idea a tu jefe y él dice: "No podemos pagarlo ahora, hablemos después". ¿Qué dices?

Por qué el "método natural" es errado

Nuestra reacción natural es discutir cuando nos encontramos con una idea opuesta a nuestra opinión. Puede ser sólo cuestión de cuál equipo de baloncesto es el mejor, o un tema algo debatido por los estadistas de las Naciones Unidas. Desafortunadamente, lo natural sigue siendo tratar de ganar la discusión con nuestro oponente.

Alguien ha dicho que el golf es difícil porque el movimiento para golpear la bola no es natural. Hacer girar el palo de golf va en contra de todo impulso natural. Debemos aprender un movimiento científico pero no natural.

Lo mismo se dice del arte de la persuasión. Es natural considerar como un oponente a superar de una u otra forma a aquella persona que se opone a nuestras ideas. Pero, lo que en realidad queremos hacer es convencerla, inducirla a que cambie de opinión en lugar de conquistarla o derrotarla.

Cuando alguien se opone a nuestras ideas es natural tomarlo como una amenaza y un golpe contra nuestro ego. Y es muy natural devolverle el golpe a su propio ego, emocionarnos y volvernos hostiles, gritar, amenazar, ridiculizar, avergonzar y tratar de meterle nuestras ideas por los ojos a la fuerza o hasta intimidando. Exageramos cada una de nuestras llamadas razones o afirmaciones y tomamos a la ligera cada uno de los puntos de nuestro oponente.

Pero este método natural no gana porque la única forma de realmente ganar una discusión es logrando que la otra persona cambie de opinión.

La ciencia descubre cómo ganar discusiones

El viejo dicho: "Nadie jamás ha ganado una discusión", es cierto, si te refieres a la sesión de gritos, o a la guerra de egos. Pero sí hay formas mediante las cuales es posible llevar a alguien a ver las cosas a tu manera.

Sin embargo, el método científico para ganar una discusión es completamente opuesto al que la mayoría de nosotros usa por naturaleza. Incluso las organizaciones que desean que el público en general cambie de ideas, suelen cometer los mismos errores que tú y yo comentemos cuando hablamos de béisbol o de política con otros.

"¿Por qué el público americano es tan renuente a respaldar un programa de Defensa Civil adecuado ante las constantes muestras de peligro que representa el no prevenir mantenerse rodeado de seguridad?", pregunta *Science Digest* (Marzo de 1954). "¿Y por qué tantos pacientes de cáncer evitan el tratamiento hasta que es demasiado tarde, a pesar de las dramáticas advertencias emitidas respecto a la importancia del cuidado preventivo? Un factor importante puede ser que los recursos que generan gran temor, o que constituyen amenazas, no son efectivos para persuadir a la gente de cambiar sus opiniones o comportamientos. Esto se reveló en una serie de 25 experimentos dirigidos por tres psicólogos de Yale".

El secreto está en la baja presión

Estos tres psicólogos de Yale, Carl I. Hovland, Irving L. Janis y Harold H. Kelly, encontraron que la mejor manera de lograr que las ideas sean aceptadas es usando una técnica de baja presión, presentando calmadamente los hechos, y no con amenazas ni intentos de usar la fuerza.

En un experimento realizado a tres grupos diferentes de estudiantes, se les dio una charla ilustrada de 15 minutos sobre higiene dental. El primer grupo recibió un "fuerte" argumento, indicando los peligros del descuido de los dientes: caries dental, enfermedades en las encías, cáncer y afecciones por el estilo.

Al segundo grupo se le presentó un argumento "moderado", en el que se exponían los peligros pero de una manera más suave y objetiva.

El tercer grupo recibió una charla mediante la que se le proporcionó información directa que prácticamente no tocó el tema de los peligros del descuido.

Una semana después de las charlas se les hizo una revisión a los estudiantes de los tres grupos para ver quiénes eran los que más habían modificado su comportamiento y estaban siguiendo las prácticas recomendadas en las charlas. Lo sorprendente es que aquellos estudiantes que escucharon el argumento "suave", sin tácticas de miedo, estaban poniendo más en práctica los hábitos presentados en las charlas, que quienes habían escuchado el "método fuerte".

Otras pruebas con estudiantes universitarios han mostrado resultados similares en discusiones políticas. Se encontró que los estudiantes eran más dados a cambiar sus opiniones políticas si "la otra parte" presentaba datos sin emociones en lugar de hacer arengas agresivas.

El asombroso hallazgo tras analizar diez mil discusiones reales

Probablemente el trabajo de investigación más exhaustivo que jamás se haya realizado en cuanto a discusiones, lo adelantaron los profesores Alvin C. Busse y Richard C. Borden con el Departamento de Discurso de la Universidad de New York.

Estos profesores escucharon diez mil discusiones reales durante un periodo de siete años; desde peleas entre conductores de taxi, así como entre esposos y esposas. Macy's Westinghouse y otras firmas de negocios cooperaron permitiéndoles escuchar a vendedores y a empleados de mostrador. Escucharon debates de Naciones Unidas. Ellos tomaban notas sobre quién ganaba la discusión y por qué, hasta que por fin entre todos y según los datos llegaron a la interesante conclusión de que los polemistas profesionales, es decir los políticos y delegados de Naciones Unidas, tenían menos éxito logrando que sus ideas fueran aceptadas, que los vendedores puerta a puerta.

La gran razón de fondo resultó ser que los polemistas profesionales parecían tener la intención de derrotar a la oposición, o "destacar" el argumento contrario, mientras que el vendedor intentaba inducir al cliente potencial a que deseara cambiar su propia opinión.

Ellos encontraron que el gran error que la mayoría de nosotros comete al tratar de ganar una discusión es atacar el ego de la otra persona.

Cómo persuadir usando la naturaleza humana

Todo se reduce al tema de este libro: si quieres tener poder con los demás, debes aprender a usar la naturaleza humana en lugar de ir en contra de ella.

Dile a alguien que sus ideas son tontas, y las defenderá aún más. Ridiculiza su posición, y tendrá que defenderla para guardar las apariencias. Usa amenazas o tácticas de miedo, y sencillamente cerrará su mente contra tus ideas, sin importar cuán buenas sean.

Una de las necesidades más fuertes en la naturaleza humanas es la de autopreservación, y esto se refiere a la supervivencia del ego así como del cuerpo. Para nuestra propia protección, debemos cuidar las ideas que aceptamos y sobre las que actuamos. Aprendemos a inmunizarnos contra cualquier idea que sea considerada enemiga. Nuestros amigos no suelen acercarse con agresividad, así que para nosotros mantenernos seguros, sencillamente cerramos nuestros oídos a las ideas que vienen vestidas de enemigos.

Cómo llegar al subconsciente de la otra persona

Cuando intentamos vender ideas, en realidad intentamos llegar al subconsciente de la otra persona porque nunca aceptamos ni actuamos de acuerdo a una idea hasta que ésta haya sido aceptada por el subconsciente. "Alguien que haya sido convencido contra su voluntad, mantendrá su misma opinión", es un concepto que describe al hombre o la mujer que ha aceptado una idea con la mente consciente, pero no con el subconsciente. Dicha persona puede decir que está de acuerdo con tu idea, pero aun así no estará convencida ni la pondrá en práctica.

Los psicólogos saben que sólo hay una manera de lograr que la mente subconsciente acepte una idea y es por medio de la sugestión. Muchos experimentos han demostrado que entre más procures introducir por la fuerza una idea al subconsciente, más resistencia encontrará dicha idea. Es el viejo instinto de autopreservación en funcionamiento. La técnica utilizada por los psicólogos es la de "deslizar" la idea al subconsciente, que entre casi desapercibida.

¿Alguna vez has notado que cuando alguien te dice que "no puedes hacer esto", sientes un fuerte impulso de hacerlo? ¿Alguna vez te has dado cuenta que cuando alguien te dice que "debes hacer esto y esto", casi automáticamente reaccionas diciéndote a ti mismo: "Condenado de mí si no lo hago?"

Seis reglas comprobadas para ganar discusiones

Tu éxito para ganar discusiones depende del grado de éxito que tengas deslizando ideas por debajo del ego de la otra persona. Su ego es como un guardia que se para en la entrada de su mente subconsciente. Si despiertas su ego, o lo elevas demasiado, sencillamente no dejará que tus ideas pasen. Este es el punto más importante. Tenlo presente al estudiar los siguientes puntos:

1. *Permite que la otra persona exponga su caso*

No interrumpas. Permite que exponga su caso. Recuerda la magia que tiene el escuchar. Las interrupciones y los desprecios no sólo hieren el ego; entramos a lo que los psicólogos llaman estado mental. La persona con algo en su pecho tiene un estado mental completamente organizado para hablar. Y mientras no haya terminado de decir su parte, su estado mental no estará listo para escuchar. Si quieres que tus propias ideas sean escuchadas, aprende a escuchar primero a la otra persona.

John Graham, Director de Personal de F. & R. Lazarus & Company, en Columbus, Ohio, es uno de los persuasores más hábiles que jamás haya conocido. Cuando sus ideas encuentran oposición, o cuando alguien tiene una queja, él siempre escucha a la otra persona. Luego va un paso más allá y le pide a esa persona que repita algunos de sus puntos y le pregunta si hay algo más que le gustaría decir. Esto le demuestra que él está interesado en su punto de vista.

Pedirle al otro que repita sus puntos principales también es valioso cuando la persona está enojada. Con sólo dejar que sus sentimientos salgan, permite avanzar mucho para reducir su hostilidad. Si logras que "repita" sus quejas dos o tres veces, ese hecho prácticamente reducirá todas sus emociones o enfado.

2. *Haz una breve pausa antes de responder*

Esta regla funciona de la misma manera en una conversación donde no hay una aparente diferencia de opinión. Cuando alguien te haga una pregunta, mírale y haz una corta pausa antes de responder. Esto le dará a entender que le das suficiente importancia a lo que ha dicho como para "pensarlo" o "considerarlo".

Todo lo que necesitas es una breve pausa. Detente por mucho tiempo y darás a entender que estás titubeando o dudando, o tratando de evadir una respuesta definitiva. Pero si tienes que discrepar con alguien, la corta pausa es importante. Di "no" rápidamente, y la otra persona sentirá que no estás muy interesado en darle tiempo a sus problemas.

3. No insistas en ganar al 100%

La mayoría de nosotros, cuando nos vemos involucrados en una discusión, intenta demostrar que está completa y totalmente en lo cierto y que la otra persona está equivocada en todos sus puntos. Pero los persuasores hábiles siempre conceden algo y encuentran un punto en el que pueden estar de acuerdo.

Si la otra persona tiene un punto a su favor, reconócelo. Y si cedes en aspectos menores o de poca importancia, el otro estará más dispuesto a ceder a tu sugerencia principal.

David Babcook, Vicepresidente y Director de Personal de Dayton Company, en Minneapolis, una de las tiendas más grandes de los Estados Unidos, usa esta norma a la perfección. Si no puedes conceder la solicitud de un empleado, siempre explica "por qué". Si debe cambiar de departamento a un empleado, no se limita a decir: "Señorita Smith, la estoy transfiriendo a otro departamento a partir de mañana a primera hora". Él le dice a la señorita Smith por qué la está transfiriendo.

El Dr. Pierce P. Brooks, Presidente de National Banker's Life Insurance Company, en Dallas Texas, y autor de *How Power Selling Brought Me Success in Six Hours*, recomienda lo que él llama la técnica del "sí, pero".

Sí, veo que tienes una buena razón aquí, pero ¿has considerado esto...?".

"Si, entiendo por qué te parece así, pero...".

"Sí, tienes toda la razón, pero por otro lado...".

4. Expón tu caso con moderación y precisión

Nuestra tendencia a procurar hacer que nuestras ideas sean aceptadas cuando encuentran oposición es exagerada y hace que un argumento sea demasiado fuerte. Recuerda que pruebas científicamente comprobadas han demostrado que los argumentos presentados en calma son más efectivos para hacer que la gente cambie de opinión que las amenazas y la fuerza.

Una razón por la cual seguimos usando los antiguos métodos de la fuerza es porque a veces parecen funcionar. Caes con todo sobre la otra persona. La pones en evidencia. La llevas a un punto en el que "no puede decir nada". Tu audiencia aplaude y crees que has ganado la discusión. Pero esa persona aún no ha aceptado tu punto de vista ni procederá según tus ideas.

Benjamin Franklin es conocido por haber sido uno de los mejores vendedores de ideas de todos los tiempos. Siempre tuvo éxito en su trato con naciones extranjeras y obtuvo lo que quería. Se le da el crédito de haber logrado, contra mucha oposición, que la Constitución de los Estados Unidos fuera aceptada.

"La forma de convencer a otro", decía Franklin, "es exponiendo tu caso con moderación y precisión. Luego di que sin duda puedes estar equivocado, lo cual hace que tu oyente reciba lo que tienes que decir y, con toda seguridad, tratará de convencerte de lo contrario porque tú estás dudoso. Pero si te acercas con un tono de seguridad y arrogancia, lo único que lograrás será un oponente".

La misma estrategia funciona si estás tratando de hacer que una asamblea adopte tus puntos de vista sobre algo tan importante como firmar la Constitución de los Estados Unidos, o si quieres que tu esposo o esposa acepte tu opinión en cuanto a cómo decorar la casa.

5. *Habla por medio de terceras personas*

El abogado que quiere ganar un caso llama a testigos que certifiquen sobre los puntos que quiere que el jurado acepte. Él sabe que el argumento es más convincente si terceras personas no involucradas dicen que lo que sucedió fue esto o aquello en lugar de que sea él mismo quien lo diga.

El vendedor estrella usa los testimonios de usuarios satisfechos. El candidato al cargo público hace que organizaciones y personas conocidas lo recomienden. Si él dijera: "Soy el candidato más honesto, inteligente y mejor calificado en estas elecciones", los votantes tendrían sus dudas. Pero si la Liga de Ciudadanos Honestos dice lo mismo, seguramente eso tendrá mucho peso.

Los aspirantes a posiciones llevan "recomendaciones" de terceros, las cuales son mucho más convincentes para el empleador que cualquier otra cosa que el aspirante pueda decir a su favor.

Hablar por medio de terceras personas es especialmente valioso cuando tienes una diferencia de opinión y quieres que quien te escucha vea las cosas a tu manera. Esto se debe a que el ser humano es escéptico por naturaleza cuando alguien dice algo a su favor. Igualmente, es importante tener en cuenta que es menos probable que el ego de alguien se despierte ante lo dicho por un tercero, que frente a lo que tú puedas decir. Los registros, las estadísticas, las historias, una cita de alguien bien conocido, todos esos elementos pueden usarse como terceras personas.

Digamos que tu esposa quiere que todas las cortinas de la nueva casa sean del mismo color, mientras que tú quieres que sean diferentes. Darás inicio a una discusión si dices algo como: "Tener todas las cortinas del mismo color me parece pasado de moda". Ella dirá: "¡Ah, así que soy anticuada y pasada de moda!".

Pero no darás inicio a ningún antagonismo si citas una referencia y dices algo como esto: "El otro día estuve escuchando en la radio a Peter Lind Hayes y estaba hablando de cómo él y Mary habían decorado su casa con cortinas de diferentes colores. Él decía que tener las cortinas del mismo color estaba pasando de moda".

Hace poco compré una póliza de seguros de responsabilidad para auto. Cuando vi que el vendedor me había hecho un presupuesto sobre una póliza de $100.000 dólares me sentí un poco molesto. Pensé que estaba tratando de engañarme.

"Yo en ningún momento hablé de $100.000 dólares", protesté. "Sólo quiero la póliza acostumbrada de $25.000 dólares".

"Pero la póliza de $100.000 dólares es lo que ahora se acostumbra", dijo. "Casi el 90% de nuestros clientes recibe una póliza de $100.000 dólares. Los jurados de cortes civiles están dando fallos más altos que antes. Y los fallos de $50.000 y $100.000 ahora son lo común".

Él evitó una discusión y me hizo cambiar de opinión al permitir que terceras personas hablaran en su lugar. Yo no podía discutir con el 90% de sus usuarios ni con los jurados de cortes civiles.

Cuando le pidas un aumento de salario a tu jefe, tendrás más peso si en lugar de decir: "Creo que me merezco un aumento de sueldo", dices: "Creo que mi desempeño aquí ha demostrado que me he ganado un aumento de sueldo".

6. *Permite que la otra persona quede bien*

En muchas ocasiones tu interlocutor cambiará de opinión con gusto y estará de acuerdo contigo, excepto si: ya tiene un compromiso definido, o si ha fijado una posición firme y no va a cambiar de opinión con amabilidad. Para estar de acuerdo contigo tiene que admitir que está equivocado y si ya ha hecho afirmaciones fuertes en oposición a tu punto de vista, prácticamente tendría que admitir que ha mentido.

Los persuasores habilidosos saben cómo dejar la puerta abierta de modo que su interlocutor logre abandonar su posición anterior sin quedar mal. Dejan una salida de escape por donde el otro se pase o de otro modo puede quedar prisionero en su propia lógica sin tener cómo escapar de su posición anterior. Si persuades a otra persona, no sólo tienes que convencerla. También tienes que saber cómo rescatarla de su propio argumento.

Estas son dos formas:

Método No. 1

Asume que, para empezar, la otra persona no tenía toda la información. Di algo como: "Desde luego, ya entiendo por qué pensabas de esa manera, porque en ese momento no tenías bien claro esto o aquello".

Si la otra persona estaba equivocada, encuentra una excusa por la cual lo estaba.

"Cualquiera pudo haber pensado lo mismo bajo esas circunstancias".

"Al comienzo me sentí igual, pero luego encontré esta información lo cual cambia el cuadro completo".

Método No. 2

Sugiere alguna manera para pasarle la pelota a otra persona. Una clienta de una tienda por departamentos devuelve un vestido. Lo llevó a casa pero no le gustó a su esposo. "Nunca lo he usado", dice ella.

La vendedora examina el vestido y ve que sin duda muestra señas de haber sido llevado a la tintorería. Así que tiene cómo mostrarle a la clienta la evidencia y demostrar que está equivocada, pero ella no lo va a admitir porque ya ha dicho que "nunca ha sido usado". Así que la inteligente vendedora le da a la clienta una vía de escape.

Le dice: "Señora, me pregunto si algún miembro de su familia pudo haber enviado por error el vestido a la tintorería. Lo mismo me sucedió hace poco. No estaba en casa cuando los del servicio de limpieza fueron y mi esposo envió un vestido nuevo a la tintorería junto con otros vestidos que yo tenía en el mismo ropero. Me pregunto si esto pudo haberle pasado a usted porque su vestido muestra señas de haber sido limpiado".

La clienta ve la evidencia y sabe que está equivocada, y ya tiene frente a sí una excusa lista por haberse equivocado. Tiene una vía de escape abierta.

EL CAPÍTULO 10 EN POCAS PALABRAS

Cuando tengas una diferencia de opinión con alguien tu objetivo no debe ser el de "ganar la discusión", sino el de lograr que la otra persona cambie de opinión y vea las cosas a tu manera. Así que debes evitar involucrar su ego. Debes deslizar tus "razones lógicas" por debajo de su ego, luego terminar dándole una vía de escape para que salga de su posición anterior.

Las siguientes seis normas te ayudarán a lograrlo:

1. Permite que exponga su caso.
2. Haz una breve pausa antes de responder
3. No insistas en ganar al 100%.
4. Expón tu caso con moderación y precisión.
5. Habla por medio de terceras personas.
6. Permite que la otra persona quede bien.

QUINTA PARTE

CÓMO DIRIGIR A OTROS CON ÉXITO

11. Cómo lograr el 100% de cooperación y aumentar tu poder cerebral

12. Cómo usar tu poder milagroso en las relaciones humanas

13. Cómo hacer críticas sin ofender

11

CÓMO LOGRAR EL 100% DE COOPERACIÓN Y AUMENTAR TU PODER CEREBRAL

¿Te gustaría intentar dos sencillos experimentos la próxima vez que quieras la ayuda de alguien para hacer algo? No importa si el trabajo sea podar el césped, atar un empaque, o hacer que tu empresa sea exitosa.

Paso 1. Primero, simplemente dile a la persona que elijas para esta actividad: "Ayúdame a hacer esto". Dile qué es lo que esperas que haga. Ofrécele un pago por su ayuda, si quieres, pero deja bien en claro que le pagarás sólo por hacer lo que le dices. En seguida toma nota de la cooperación que recibas y del éxito que tuvo el esfuerzo conjunto.

Paso 2. Luego busca a otra persona y pídele ayuda. Pero en esta ocasión no te limites a pedirle que te ayude a "hacer" el trabajo, sino que también te ayude a "pensar" sobre el trabajo. Pídele sus ideas así como su fuerza de trabajo.

Di: "Tengo un problema y necesito tu ayuda." Esto es lo que quiero hacer. ¿Qué opinas? ¿Tienes alguna idea que me sea útil? ¿Qué opinas de cómo lo estoy haciendo?". De nuevo, evalúa los resultados.

Sin duda verás que, aunque quizás recibas algo de cooperación y ayuda con el primer método, con el segundo recibirás 100% de cooperación y mucho más trabajo físico real por parte de quien elegiste.

Cómo hacer que la otra persona vaya por todo lo alto

Si estuvieras podando tu césped y le dijeras a tu vecino: "Joe, ¿qué tal si me ayudas a rastrillar este pasto?" ¿Por qué Joe te respondería: "Tírate al lago"?

Pero si le dices: "Joe, tengo un problema. Quisiera saber qué estoy haciendo mal. Por lo visto no sé cómo organizar adecuadamente este suelo para que el pasto crezca en él. ¿Tienes alguna idea que me sea útil?". Entonces es muy probable que Joe se acerque, tome el rastrillo de tus manos y diga: "Mira, déjame mostrarte cómo rastrillarlo".

La razón es simple. Al usar el segundo método estás trabajando en armonía con una ley básica de la naturaleza humana. Los psicólogos industriales han descubierto que no es tanto cuestión de que Joe no te ayude sino de que él no puede ayudarte del todo si su cerebro y sus fuerzas no están participando en el trabajo.

Para un ser humano es psicológicamente imposible darnos el 100% de sus fuerzas si no se le permite dar sus ideas.

Es como si el cerebro y el cuerpo hubieran decidido trabajar juntos como equipo. Y, como lo dicen en vodevil, ninguno de los dos "disolverá la escena para hacer un solo".

Esto ha quedado demostrado fuera de toda duda según los registros llevados por los trabajadores industriales. Los trabajadores que no tienen voz alguna en la dirección, quienes no pueden hacer sugerencias ni se les permite aportar sus ideas, sencillamente no hacen tanto trabajo como aquellos a quienes se les da voz y voto.

Haz que sienta que también es su problema

Todos estamos interesados en nuestros propios problemas más que en los de otros. Cuando simplemente le pides a Joe que te ayude con tu césped, lo que él siente es: "Ese es tu problema". Pero cuando le pides consejo y sugerencias, lo estás retando, de hecho le estás dando a él un problema para resolver, y eso hará que él se interese. Este principio funciona para trillar tu pasto. Funciona también al dirigir tu empresa.

Por ejemplo, uno de los problemas más difíciles que tiene la gerencia es lograr que los directores de departamento reduzcan costos. Ese es un aspecto álgido en cualquier empresa. Algunas compañías intentan con sermones, otras tratan de apelar a un sentido del deber. Pero mantener los costos bajos suele ser visto como uno de los mayores retos, y uno en el que los ejecutivos suelen tener la menor cooperación.

Cuando Robert C. Hood, a la edad de 35 años, y siendo el Director de Ansul Chemical Company, en Marinette, Wisconsin, enfrentó este problema, no dio sermones ni regañó a nadie. No se limitó a decirles a los trabajadores que debían "reducir los costos". Su filosofía de administración es: "Las personas respaldan lo que ayudan a crear". Así que cuando quiso limitar los gastos organizó un comité con todo el personal principal de operaciones en su compañía. No les dijo que tenían que reducir los costos de determinado artículo aquí o allá. En lugar de eso, les dijo que era problema de ellos el encontrar ideas por sí solos.

Los miembros del comité se reunieron y comenzaron a buscar ideas para ahorrar dinero en viajes, en el uso del teléfono y del fax, en suministros e incluso en gastos de envíos. Hace poco tiempo el Sr. Hood le informó a la Asociación Americana de Gerencia sobre los resultados de este programa el cual "nos permitió reducir costos a tal punto que las utilidades después de impuestos crecieron un 40% incluso en un periodo en el que las ventas mostraron un aumento del 9%".

Hood usa este mismo principio para resolver muchos otros problemas de negocios. Él lo llama dirección participativa.

Cómo usar la dirección participativa en el hogar

¿A cuántas esposas has escuchado quejarse diciendo que sus esposos nunca les hablan nada de sus negocios ni de sus planes, que nunca les dan la oportunidad de hacer sugerencias? Y también escuchas a los esposos decir que sus esposas no les ayudan a ahorrar dinero y cosas por el estilo. Muchos padres creen que sus hijos no les van a ayudar a hacer algo, pero nunca les piden que participen sino que sólo les dicen que "hagan esto o aquello". Nunca les piden a sus hijos que sugieran alguna idea, sólo les piden acciones físicas.

Los consejeros matrimoniales han adoptado una técnica para lograr la cooperación en el hogar, la cual es muy similar a la dirección participativa en la industria. Se llama "Sesiones de Planeación Familiar".

La esposa, el esposo y los hijos se reúnen una vez por semana o por mes. Lo importante es que toda la familia tiene reuniones frecuentes para discutir los problemas, definir metas comunes y a cada miembro de la familia se le pide que contribuya.

La Dra. Ruth Barbee recientemente me dijo: "Es asombroso lo que se puede lograr cuando toda la familia participa en la dirección de la misma. 'Las situaciones imposibles' se resuelven mucho más rápido y todos los miembros de la familia se llevan mejor entre sí y están más felices, cuando a cada uno, no sólo se le dice 'haz esto o aquello', sino que se le pide que se apropie del problema y encuentre una idea sobre cómo ayudar a solucionarlo. Ningún otro método que conozca ha tenido el éxito que las sesiones de planeación familiar han logrado".

Ella prosigue señalando que la familia, así como en los negocios, debe tener un director ejecutivo cuyo trabajo consiste en evaluar las sugerencias que surjan y tomar las decisiones finales.

"Sin embargo", continúa, "es sorprendente lo dispuesto que está un niño a aceptar la autoridad final del padre, así la decisión vaya en su contra, si se tiene en cuenta que él tiene la posibilidad de expresar sus opiniones y hacer sus sugerencias antes de llegar a la decisión final de sus mayores".

Los ejecutivos de negocios han encontrado la misma verdad.

¿Por qué no multiplicar tu propio poder cerebral 10 y hasta 100 veces más?

Solía creerse que el trabajo directivo consistía en terminar todas las ideas y todos los cerebros. Que la dirección era el cerebro del equipo y los empleados eran las manos. Sin embargo, los mejores directivos en la actualidad entienden que los mejores cerebros no se concentran exclusivamente en la oficina central. Los hombres y mujeres que trabajan en la planta tienen ideas, o las podrían tener, si se les diera el incentivo para hacerlo. Los mejores ejecutivos de hoy no tienen problema de pedirle una idea o una sugerencia a un trabajador, no temen que alguien pueda pensar que ellos no son lo suficientemente inteligentes como para dirigir la compañía. Ellos saben que no son tan inteligentes como para tener todas las buenas ideas que el 100% de sus trabajadores podría tener si los animaran a hacerlo. Así que todo el tiempo les pregunta a sus trabajadores: "¿Cuál es tu opinión?" o "¿Cómo podríamos hacer esto mejor?" y les dan beneficios por sus ideas.

El ejecutivo de negocios ideal de hoy no es un genio ni alguien tan inteligente que tiene todas las ideas posibles. Es un hombre lo suficientemente inteligente como para evaluar la infinidad de ideas de sus subalternos, y con la destreza administrativa para tomar las decisiones finales y verlas en acción. Sí, es un genio, claro, pero en relaciones humanas más que en ideas creativas. Sabe multiplicar sus propias ideas por las ideas de los demás. Sabe dirigir a las personas para que sigan sus decisiones y las pongan en práctica y de buena gana.

Cómo McCormick logró multiplicar sus ventas hasta el 1.500% al usar el "poder de las personas"

En su edición de septiembre en 1951, la revista *Investor's Reader* publicó un artículo titulado "Gerencia: el poder del pueblo" en el cual ilustra la diferencia entre los estilos de dirección anticuados y los nuevos. Habla acerca de una compañía que hizo uso de ambos y los asombrosos resultados que obtuvo al usar los métodos nuevos.

En 1931 la Navidad en la empresa de Baltimore, McCormick & Company, fue el triste escenario que había sido por años. Se informaba de un despido de personal "hasta principios de febrero, junto con el irónico deseo de "¡Feliz Navidad y Feliz Año Nuevo!".

En 1950 los empleados de la planta de McCormick & Company en Baltimore trabajaron frenéticamente hasta el día antes de Navidad y luego se fueron a casa con un grito de emoción. Y era de esperarse: en sus bolsillos tenían dos semanas más de pago como bono extra, además de un periodo completo de vacaciones de invierno pagas hasta enero 2. El bono fue una adición a las tres semanas extra que ya habían sido pagas ese año, las vacaciones eran una adición a las vacaciones de verano regulares y siete días festivos pagos.

El contraste entre estas dos situaciones es el grado de éxito alcanzado en menos de 20 años por parte de un hombre y una idea. El hombre es el perspicaz Charles Perry McCormick, de 55 años, Presidente y Director Ejecutivo de la "empresa de especias y extractos más grande del mundo". La idea consiste en una "administración múltiple", un sistema de operación diseñado para asegurar la mayor participación del trabajador así como el ánimo, sin mencionar el asignar cargos directivos a un semillero de talentosos ejecutivos jóvenes y ambiciosos.

La historia en realidad comienza en 1889, cuando el tío de Charlie, Willoughby McCormick, dio inicio a su empresa de especias en un sucio salón con dos empleados. "El tío Will" fue un duro trabajador así como un duro jefe. En 1932 las ventas alcanzaron los $3'500.000 dólares, pero los empleados eran apáticos y sin ánimo. La rotación de personal le costaba a la empresa un 30% al año.

El sobrino Charlie ("el viejo" no tenía hijos) comenzó a trabajar en la planta durante los veranos desde 1912 y pasó a trabajar tiempo completo en 1919. Trabajó como almacenista, mensajero, asistente ejecutivo en la fábrica y la oficina, y por más de diez años como vendedor y ejecutivo de ventas al exterior. También trató de venderle al tío Will algunas nuevas ideas de administración, pero en siete ocasiones fue despedido por ese problema (también lo volvieron a contratar). La Gran Depresión llegó junto con grandes pérdidas para McCormick. Siguiendo la tendencia de esos tiempos, "el viejo" redujo los salarios un 25%, y tenía otro 10% listo para reducir cuando murió intempestivamente en un viaje de negocios en 1932.

Como al parecer no haría mucha diferencia a quién se nombrara a cargo de la empresa en apuros, los directivos eligieron al joven Charlie. El profeta práctico decidió darle uso a algunas de sus ideas. Convocó a reunión a todos los empleados y les anunció un aumento de salario del 10% en lugar de un recorte, así como una reducción en la semana laboral de 56 horas a 46. También les dijo que debían aumentar la producción y reducir los costos, de lo contrario, todo el conjunto de beneficios colapsaría. Para ayudarles, les dijo a sus asombrados empleados que de ahí en adelante compartirían las utilidades de la empresa y harían parte de la dirección.

La parte activa consistía en una junta directiva de subalternos y los comienzos de varias gerencias. La primera junta tenía 17 miembros (directores de crédito, contadores de costos, directores de departamentos asistentes). Su tarea era encontrar formas y medios para mejorar todo lo que consideraran necesario. Además: "Escriban sus propios estatutos y constitución, elijan sus propios directivos y gobiérnense como deseen. Los libros de la empresa están abiertos para ustedes y hagan todas las preguntas que quieran".

Para mantener todo bajo control, Charlie dijo que todas las sugerencias debían ser unánimes y sujetas a aprobación por parte de la junta principal (la junta de accionistas que se elegía cada año).

La idea surtió efecto. En pocos años la junta subalterna había rediseñado y modernizado los paquetes de la compañía teniendo como resultado un evidente crecimiento en ventas, idearon nuevas formas de probar estenógrafos, introdujeron máquinas de facturación más rápidas y mejores, sugirieron nuevas líneas de productos desde especia de pastel de calabaza hasta la recientemente introducida y éxito en ventas, la azúcar de canela.

Como un buen vendedor de especias, Charlie solía decir: "La prueba del pastel está en que se lo coman". Según esa base, la junta subalterna tenía un excelente registro: la junta principal había adoptado más del 99% de cinco mil sugerencias propuestas. Charlie decía: "No puedo valorar cuánto han significado estas sugerencias para la compañía respecto a aumento en ventas y utilidades, pero sin duda los beneficios han superado ampliamente a los costos". Lo más importante es que la junta subalterna reforzó la ética de sus empleados y respaldó a todos los jóvenes con aspiraciones dándoles la oportunidad de ser funcionarios y directivos de la compañía. La meta fue alcanzable porque no menos de 13 hombres de los 17 que hicieron parte de la junta principal, ya habían sido parte de la junta subalterna o miembros de la junta de la fábrica.

¿Cómo funcionó esta "dirección múltiple" en McCormick?

Siguiendo los métodos gerenciales antiguos, "el tío Will", el jefe que dirigió con mano de hierro, logró alcanzar ventas de $3.5 millones de dólares, lo cual parece ser una excelente prueba de los viejos métodos, hasta que comprendes que al involucrar los cerebros así como la fuerza de los obreros, Charlie McCormick aumentó el volumen de ventas casi 15 veces hasta llegar alrededor de los $50 millones de dólares al año. "Cuando comenzamos", decía Charli McCormick, "teníamos un bajo volumen de ventas, no teníamos utilidades ni dividendos, no había ética entre los empleados, no había periodos de descanso ni vacaciones, no se repartían utilidades y tampoco había fondo de pensiones".

Cómo lograr que los demás respalden tus ideas

Con mucha frecuencia necesitamos el "sí", "correcto", o la aprobación de alguien para que una idea nuestra sea adoptada. La mejor manera del mundo para obtener este respaldo es haciendo que ese alguien participe en tu idea.

En lugar de decir: "Quisiera que aprobaras esto", o "Me encantaría que decidieras a mi favor", intenta algo como: "Si fueras yo, ¿cómo harías para transmitir esta idea?".

Conozco a un coronel de la Armada, de West Point, Clase de 1933, que usó esta técnica y da gracias a ella por toda su carrera.

Durante toda su vida él soñó con ir a West Point. Se graduó de Secundaria justo cuando llegó la Gran Depresión en 1929. Muchos padres que normalmente habrían podido pagar los estudios universitarios de sus hijos ya no pudieron hacerlo y muchos de estos hijos estaban compitiendo por obtener educación gratuita en West Point y Annapolis.

Pero mi amigo no tenía conexiones. Así que buscó a muchas de las personalidades más prominentes de su Estado y les hizo una sencilla pregunta. "Señor_____, si usted estuviera en mi posición y quisiera estudiar en West Point, y estuviera plenamente calificado para hacerlo, ¿qué haría?". Con preguntar "¿qué haría?" les estaba pidiendo ideas. También los invitaba a participar en el problema. Y en esencia, hacía que ese también fuera su problema. No sólo obtuvo recomendaciones, sino su ayuda activa y consiguió el ingreso.

Si el joven solamente se hubiera acercado a estos hombres pidiéndoles recomendaciones, las probabilidades habrían sido pocas porque era un don nadie, nadie importante. Pero, al pedirles consejo, mi amigo cuenta que obtuvo su recomendación.

Crea tu propia reserva cerebral

Uno de los hombres más ricos que jamás haya conocido, en una ocasión me dijo que le debía su éxito al hecho de que había aprendido algo de casi todas las personas con las que había tenido contacto. Uno de sus primeros emprendimientos de negocios fue la operación de un aserradero.

"Mis empleados eran analfabetas", me dijo. "Algunos de ellos ni siquiera sabían firmar su nombre. Pero yo sabía que por mucho tiempo habían hecho ese trabajo y debían tener sus propias ideas. Así que me propuse aprender lo que ellos sabían y les pedía ideas".

Después este hombre aplicó el mismo principio en la dirección de un banco, una tienda por departamentos y muchas otras empresas.

"Si he ganado dinero", dijo, "no es por mi propio cerebro, sino por la 'reserva que hay mi cerebro': las ideas que obtengo de otros. No sólo he recibido muchas buenas ideas, sino que mi actitud halaga a otras personas cuando les pido su opinión. Siempre es un elogio para los demás que les pidamos consejo e ideas".

Prueba esta técnica con tus amigos, familiares, socios y compañeros de trabajo. Mira cómo se ilumina la otra persona cuando le pides consejo. Mira cómo se emociona cuando dices: "¿Qué opinas respecto a esto?" o "¿Cómo harías tal cosa?".

Prueba esta técnica para abrir puertas. La próxima vez que quieras entrar a ver a alguien con quien es difícil reunirse, ¡hazle saber que quieres hacerle una consulta para saber su opinión respecto a cierto asunto!

Un escritor que hace artículos para revistas me dice que suele usar una variación de esta técnica para lograr entrevistas con los peces gordos que tienen la reputación de ser de difícil acceso.

Sencillamente llama y dice: "Señor X, me han mencionado que usted es una autoridad en ese tema de _____. Estoy tratando de preparar un artículo sobre la materia y todas las personas con quienes he hablado me han dicho que si quiero datos reales debería reunirme con usted y escuchar sus ideas".

El secreto mágico de pedir consejo

Mientras lees esto es probable que estés pensando en alguien que siempre les está pidiendo consejo a otros, siempre hablando de sus problemas con los demás y cuyo único éxito ha sido el convertirse en una molestia. A lo mejor te preguntas cómo es que una técnica que puede hacer que un hombre sea adinerado y próspero, haga que otro fracase.

El secreto mágico de usar esta técnica es este: depende de por qué pides el consejo.

Hay cierto tipo de personas que siempre le habla de sus problemas a otros y constantemente pide consejo. Ellas no solucionan sus problemas y por lo general se convierten en una molestia. En lugar de hacerse populares al usar esta técnica, son personas a quienes los demás tratan de evitar.

Pero en realidad lo que ellos están buscando no es consejo. Lo que quieren es simpatía o lástima. Cuando te preguntan: "¿Qué voy a hacer?" no esperan una respuesta de tu parte. Se ofenderían si lo hicieras. Lo único que esperan es que les sientas lástima y les digas que están en la peor de las situaciones de las que jamás te hayas enterado que podría estar un ser humano. Quieren que estés de acuerdo con que han sido tratados injustamente. Pero lo último que quieren es una respuesta a su problema. Y si lo dudas, la próxima vez que estés frente a alguien con ese perfil hazle esta pregunta: "¿Por qué no intentas esto y esto?" y préstale atención a su reacción.

También está la persona que aparentemente vive pidiendo un consejo o una opinión, pero que lo que en realidad está buscando es una palmada en la espalda. Un afamado compositor me dice que sus conocidos suelen decirle: "Esta es una canción que escribí. Quisiera que le dieras una mirada y me dijeras cuál es tu opinión, o si debo mejorarla".

"Perdí dos o tres amigos", me dijo, "antes de darme cuenta que ellos en realidad no quieren mi opinión y que no aceptarían mi consejo si se los diera. Lo que desean es un espaldarazo. Creen que han escrito una canción muy buena y desean que les diga que es tan extraordinaria como ellos creen".

Así que recuerda lo siguiente: pide consejo, ideas o sugerencias y hazlo en serio. No sólo recibirás cosas buenas, sino que también estarás haciéndole un elogio a la otra persona.

No pidas consejo cuando lo que quieres es que te aseguren que tienes razón. No pidas consejo ni opiniones cuando lo que quieres es simpatía. Si lo haces, no sólo fracasarás en la solución de tus problemas sino que te convertirás tú mismo en una molestia.

EL CAPÍTULO 11 EN POCAS PALABRAS

1. Si quieres que alguien te ayude, y es en serio, debes pedir sus ideas así como su participación.

2. Haz que otros sientan que tu problema es también su problema.

3. Usa el principio de dirección múltiple al darle a cada miembro del equipo una voz respecto a cómo deben funcionar.

4. Cuando quieras que alguien te haga un favor, hazlo miembro de tu equipo. No sólo digas: "¿Puedes darme una recomendación?". Mejor es decir: "¿Si estuvieras en mi lugar y quisieras tener una atención favorable, cómo lo harías?".

5. Organiza tu reserva cerebral y haz uso de las ideas, sugerencias y consejo de otros.

6. Cuando pidas consejo asegúrate de quererlo. No los pidas si lo que deseas es simpatía o una palmada en la espalda.

Sugerencia: asegúrate de aplicar estas seis reglas durante una semana en casa, en la oficina, en el club, en todo lugar, y mantén un registro de los resultados que obtengas.

12

CÓMO USAR TU PODER MILAGROSO EN LAS RELACIONES HUMANAS

¿Crees en milagros? Si no, probablemente te sorprenda saber que muchos médicos y científicos de la actualidad creen en milagros así no los logren entender.

El Dr. John R. Broveck, Profesor de Psicología de la Universidad de Pennsilvania, recientemente leyó un documento sobre los milagros y la ciencia ante las Asociaciones Médicas de Gran Bretaña y de Canadá. En esencia, dijo que el factor que la ciencia no puede entender en cuanto a los milagros es este: ¿cuál es la fuente de energía de los milagros?

El Dr. Alexis Carrel, el famoso científico, también escribió un documento serio sobre milagros y comentó el hecho de que el proceso común y "natural" de sanación parece haber sido impresionantemente acelerado por medio de una irrupción de energía no conocida para la ciencia natural. El Dr. Carrel creía que esta energía era un poder espiritual.

Cómo liberar energía con halagos

A lo largo de las épocas muchos han creído que la alabanza tiene algo de poder milagroso. Charles Fillmore, Cofundador de Unity School of Christianity, escribió: "Las palabras de elogio, gratitud y agradecimiento expanden, liberan e irradian energía en todas las direcciones… Es posible fortalecer un cuerpo débil por medio de la alabanza, un corazón temeroso halla paz y confianza, los nervios destrozados hallan equilibrio, una empresa en decadencia alcanza el éxito y la prosperidad, las carencias e insuficiencias encuentran apoyo y abastecimiento".

¿Has notado que en la Biblia la alabanza y las acciones de gracias suelen estar asociadas con los milagros? Antes que Eliseo aumentara milagrosamente el aceite de la viuda, él lo bendijo y dio gracias. Antes que Jesús multiplicara los panes y los peces, él los bendijo, levantó sus ojos al cielo y dio gracias.

Charles Fillmore dijo: "Hay una ley inherente a la mente en la que aumentamos aquello que alabamos". "Toda la creación responde a la alabanza y se alegra. Los entrenadores de animales les dan recompensas a sus animales con delicias por sus actos de obediencia; los niños brillan de gozo y gusto cuando se les alaba. Incluso la vegetación crece mejor para quienes la aman".

Al parecer nadie sabe cómo es que la alabanza libera energía. Pero la realidad es que es una experiencia común. ¿Alguna vez notaste, cuando alguien te da un sincero halago, o te agradece por un trabajo bien hecho, que tu espíritu pareciera recibir una inyección?

Conocí a una anciana que, cada vez que alguien la elogiaba sobre lo bien que se veía, decía: "Gracias, ahora puedo vivir un año más". Probablemente no estaba equivocada pues un halago nos da nueva energía y nueva vida.

El ánimo que recibes con un elogio no es una ilusión. Y tampoco es simple imaginación. De alguna manera, desconocida para la ciencia, se libera una energía física real.

El Dr. Henry H. Goddard, siendo psicólogo en Vineland Training School, en New Jersey, usaba una herramienta a la cual llamó "ergográfica", para medir la fatiga. Cuando a niños cansados se les daba una palabra de aliento o elogio, la ergográfica de inmediato mostraba una oleada creciente de energía nueva. Cuando se les criticaba o se desanimaban, la ergográfica mostraba que su energía física repentinamente caía en picada. Así que, aunque la ciencia no logra explicar el poder de los elogios, ¡sí lo puede medir!

Cómo aplicar halagos a las relaciones humanas

En este punto bien puedes decir: "Bueno, sin duda es interesante la manera como los elogios liberan energía y, de alguna forma milagrosa que la ciencia no puede entender, les dan ánimo a las personas, pero ¿qué tiene que ver eso con llevarse bien con otros?".

La respuesta es: "Todo".

¿Recuerdas nuestro lema: "BA/EFP" (Baja Autoestima Equivale a Fricción y Problemas)?

Bueno, la siguiente es una forma casi mágica para superar la fricción y los problemas al, literalmente, darle una inyección en el brazo a la autoestima de la otra persona.

Hace muchos años, hablando con Charles G. Nichols, Presidente de G.M. McKelvey Co., en Youngtown, Ohio, comentábamos el hecho de que las personas malhumoradas y difíciles de llevar suelen sufrir de falta de autoestima.

"¿No sería maravilloso", dije, "si alguien descubriera una medicina sorprendente para el espíritu humano, algo como un tónico para el ego que pudieras llevar en el bolsillo? De ese modo, si te encontraras con alguien desanimado, cargado o que quisiera hacerte pasar un mal rato, sencillamente podrías darle una dosis de tu botella. Así empezaría a tener un mejor concepto de sí mismo, su autoestima se elevaría, ¡y listo! ¡Se volvería amigable y cooperaría!".

"Les, ese tónico ya existe", me respondió. "Y créeme que tiene resultados tan asombrosos como cualquier medicina mágica llamada elogio, darles el crédito a otros, permitirles saber que sus esfuerzos son valorados".

Lo que las personas más desean

Recuerda también otro axioma de este libro: "Encuentra lo que la gente realmente quiere y dáselo".

Hablándome sobre el poder del elogio en los negocios, Charles G. Nichols me comentó sobre una encuesta nacional dirigida por la Asociación Nacional de Minoristas de Productos Secos, de la cual él fue Presidente. A miles de trabajadores y jefes se les pidió que hicieran una lista, en orden de importancia, de los factores que consideraban más significativos para los trabajadores. El punto que los mismos trabajadores, y de forma abrumadora, calificaron como número uno fue "crédito por el trabajo". Ese mismo punto alcanzó el séptimo lugar entre los jefes.

Sin duda, pocos de nosotros reconocemos lo importante que es para un trabajador el que se le dé crédito por la labor que ha hecho, que le otorguen reconocimiento y lo elogien por un trabajo bien realizado.

Por todas partes, en casa, en el colegio, la oficina o la planta, la gente desea ser apreciada y elogiada. Cuando les damos lo que desean, es mucho más probable que las personas sean generosas dándonos lo que queremos de ellas, ya sean sus destrezas, su mano de obra, sus ideas, cooperación o cualquier otra cosa.

Cómo obrar un pequeño milagro cada día

La vida en sí es un verdadero milagro. Y harás un pequeño milagro cada vez que puedas darle más vida a otra persona, o "le pongas más vida", como dice el dicho. Estarás haciendo un pequeño milagro cada vez que consigas elevar o impregnar el espíritu de una persona con más vida y energía. Es muy sencillo. Todo lo que debes hacer es formar el hábito de hacerle un elogio sincero a alguien todos los días.

Inténtalo con tu esposa, tus hijos, tu jefe, tus clientes o un empleado, y verás cómo se animan de "inmediato". Observa también cómo se hacen más amigables y cooperan más.

Y presta atención a cómo tu "pequeño milagro" realmente permite que a la otra persona le vaya mejor. ¿Recuerdas cómo el Dr. Henry H. Goddard midió científicamente el aumento de energía en niños escolares cuando eran elogiados? También se ha demostrado que los elogios capacitan a los estudiantes para obtener mejores calificaciones. Cuando a los estudiantes, justo antes del examen, se les decía: "No van a tener muchos problemas con esta prueba porque está completamente dentro de sus capacidades e inteligencia", ellos obtenían mejores calificaciones que cuando su inteligencia y capacidades eran menospreciadas antes de la prueba. Al parecer, elogiar su capacidad mejoraba sus destrezas.

La industria americana también ha demostrado que los cumplidos sinceros, y el darles crédito cuando se lo merecen, no sólo hacen que los trabajadores se sientan mejor, sino que realmente genera más producción. "Los sistemas de bonos" que les dan dinero a los empleados, como "regalo" por parte del jefe, fallan inevitablemente. Pero cuando los bonos y la repartición de utilidades están basados en el mérito, y como medio de reconocimiento al valor que alguien representa para la empresa, la producción siempre aumenta. ¿Recuerdas la historia de los trabajadores de Lincon Electric, en Cleveland, quienes produjeron hasta 12 veces más que los trabajadores de plantas similares? James F. Lincoln dice que una de las principales razones es que los trabajadores son reconocidos y se les da crédito por lo que hacen.

Sé generoso con afirmaciones amables

No esperes a que alguien haga algo grande o inusual para hacerle un cumplido. Sé generoso con tus elogios. Si el café de la mañana está bueno, haz que tu esposa lo sepa. No sólo elevarás su ánimo, sino que seguramente tratará de hacer un mejor café mañana.

Si tu estenógrafa escribe la carta mucho más rápido de lo que esperabas, dícelo. Ella se esforzará por complacerte.

Si alguien te hace un pequeño favor, al darle las "gracias" le estás mostrando aprecio y le concedes crédito por lo que hizo.

Busca por qué puedes darle gracias a otros. Siempre que dices la palabra "gracias", y lo haces en serio, le estás dando crédito a quien se la dices, la estás elogiando por haber hecho algo que aprecias.

Pronuncia esa amable palabra. Haz que los demás sepan cómo te sientes. No des por hecho que saben que los aprecias, dilo. Cuando le haces saber a alguien que aprecias lo que ha hecho, eso le lleva a querer seguir haciendo más por ti.

Seis normas para decir "gracias"

Esa pequeña palabra "gracias" es mágica en el campo de las relaciones humanas si se usa correctamente. Memoriza estas seis reglas. Han sido probadas y comprobadas:

1. El agradecimiento debe ser sincero. Dilo en serio. Ponle sentimientos y vida al decirlo. No dejes que suene rutinario, sino "especial".

2. Pronúncialo con claridad, no lo murmures. Exprésalo en su totalidad. No te comportes como si estuvieras un poco avergonzado de que la otra persona sepa que le quieres agradecer.

3. Agradece nombrando a la persona. Personaliza tus agradecimientos al llamar por el nombre a quien le agradeces. Si en un grupo hay varias personas a quienes agradecerles, no digas "gracias a todos", sino nómbralos.

4. Mira a quien le estás dando las gracias. Si vale la pena agradecerle, vale la pena mirarlo y notarlo.

5. Esfuérzate por agradecerle a otros. Comienza consciente y deliberadamente a buscar cómo darle gracias. No te quedes esperando hasta que se te ocurra. Hazlo intencionalmente y haz que se convierta en un hábito. La gratitud no parece ser un rasgo normal de la naturaleza humana. Cuando Jesús sanó a los leprosos, sólo uno le dio las gracias. ¿Acaso hoy somos muy diferentes?

6. Agradece cuando sea lo menos esperado. Un "gracias" es aún más poderoso cuando la otra persona no lo espera ni siente que lo merezca. Recuerda algún momento en el que hayas recibido un "gracias" de parte de alguien cuando nunca se te habría ocurrido que un "gracias" fuera necesario, y verás a qué me refiero.

No hace mucho en Kansas City un pequeño niño se me acercó en la calle y me pidió que le comprara un lápiz. Cuando meneé la cabeza en respuesta negativa, me tomó por sorpresa diciendo, como si lo dijera en serio: "Bueno, de todas formas gracias señor". Desde luego que busqué una moneda en mi bolsillo. Me quedé observándolo avanzar por la calle y vi que vendió media docena de lápices antes de llegar al final de la otra cuadra.

Una sencilla fórmula para impulsar tu propia felicidad

Si aún sigues dudando que los elogios y la gratitud tienen algo parecido a un poder milagroso, déjame preguntarte esto: si te hablara de alguien que tuviera ciertos bienes y esa persona dijera que entre más da, siempre tiene más, ¿estarías de acuerdo en que eso es un milagro?

Bueno eso es lo que sucede cuando comienzas a dar felicidad y bienestar a otros al elogiarlos y agradecerles. Entre más felicidad das, más tienes.

Nuevamente, aunque la ciencia no sabe cómo explicarlo, los psicólogos y psiquiatras saben que es cierto.

"La medida de la salud mental es la disposición a encontrar el bien en todas partes", dijo Ralph Waldo Emerson.

Si quieres aumentar tu propia paz mental y felicidad personal, no hay fórmula más cierta que la de empezar a buscar buenas razones para elogiar a los demás. Comienza a buscar en tu vida aquello por las que puedes estar realmente agradecido.

El Dr. George W. Crane, cuya interesante columna, T*he Worry Clinic*, aparece en muchos periódicos, ha mostrado a miles de personas cómo encontrar la felicidad al unirse a lo que él llama "El club del elogio".

El club no tiene directores, ni salas de reunión, ni reuniones formales. Los miembros nada más acceden a darle tres cumplidos sinceros a alguien cada día. No deben esperar a que nadie haga algo destacado ni a encontrarse con una persona perfecta, sino que intencionalmente están a la búsqueda de cualidades buenas que elogiar en otras personas.

Esta búsqueda intencional de buenas cosas en los demás tiene un efecto milagroso en nosotros. Hace que dejemos de pensar en sí mismos, nos hace menos tímidos, menos autosuficientes, más tolerantes y comprensivos. El Dr. Crane dice que esta sencilla técnica literalmente ha obrado milagros curando a sus lectores de toda clase de preocupaciones, temores o depresión.

Hace muchos años, varios psicólogos se reunieron para ver si podían encontrar una regla sencilla que contribuyera a que las personas llevaran vidas más felices, con una mayor paz mental. Ellos desarrollaron la fórmula DEF, la cual parecía obrar milagros. Estas letras quieren decir: "Deja de Encontrar Fallas".

Una de las características típicas que hallaron en casi cualquier persona neurótica e infeliz fue que era demasiado crítica. Deliberadamente buscaban fallas. Pero cuando cambiaron de actitud y comenzaron a buscar cualidades buenas en las personas que las rodeaban, así como aspectos buenos de sus circunstancias, su propia felicidad aumentó ampliamente.

Nadie es perfecto. Y se dice que en todos hay algo bueno. Intenta un experimento. Si hay alguien que te irrita, que te quita la paz o te hace enfadar, comienza a buscar algo por lo que puedas hacerle un elogio. Aunque figuradamente hablando te arranca de un mordisco la cabeza, también es probable que tenga bonitos dientes. De ser así, hazle un cumplido por su dentadura. Sigue buscando cualidades por las cuales halagarle. No sólo verás que cambia para bien, sino que tu propia opinión sobre esa persona también cambia.

Dos normas para administrar halagos

1. Deben ser sinceros

La sola adulación es fácil de detectar, y no te beneficia en nada a ti ni a quien la recibe. Recuerda que, si buscas, siempre encontrarás algo bueno que merezca alabanza. Es mucho mejor elogiar a una persona por algo pequeño y hacerlo honestamente, que hacerlo por algo grande que no sea honesto.

Es mucho mejor, por ejemplo, decirle a una mujer: "Tienes las manos más bellas que jamás haya visto", y hacerlo con total franqueza, que decir: "Eres la mujer más hermosa del mundo", si no lo es.

2. Elogia el hecho o la cualidad, más que a la persona

Elogia a la persona por lo que hace, y no por lo que es. Hazle un cumplido por lo que aporta, y no por lo que no tiene.

CORRECTO: Señorita Smith, últimamente su escritura ha sido excelente.

EQUIVOCADO: Señorita Smith, usted es una buena trabajadora.

CORRECTO: Jones, la semana pasada sus ventas impulsaron toda nuestra zona.

EQUIVOCADO: Jones, usted es el mejor vendedor que tenemos.

CORRECTO: Sin duda tienes un cabello hermoso.

EQUIVOCADO: Eres una persona bella.

CORRECTO: Definitivamente tienes una hermosa casa.

EQUIVOCADO: Tienes que ser un pez gordo para vivir de esa manera.

Cuando elogies un hecho o un atributo, tu halago debe ser específico y sonar más sincero. También se logran mejores resultados si la otra persona sabe con exactitud por qué la están halagando. Elogiar el hecho en lugar de a la persona evita los favoritismos o los prejuicios. También evita la vergüenza.

La mayoría de personas se siente incómoda con facilidad (o por lo menos creen que los estás adulando) si tan sólo pasas por su lado y les dices "eres un gran tipo".

Pero si escoges algo puntual que ese gran tipo haya hecho, él se sentirá bien al respecto.

Elogiar el hecho crea un incentivo para que la persona halagada haga más de lo mismo. Recuerda que los halagos tienden a multiplicarse y a aumentar aquella razón por la cual van dirigidos. Elogia a una persona por su trabajo y hará más. Halágala por su comportamiento y éste mejorará. Pero hazle un cumplido sólo como persona y nada más aumentarás su egotismo y su engreimiento. Muchos jóvenes han quedado arruinados de por vida porque sus madres constantemente les decían: "Eres la persona más maravillosa del mundo". De hecho, una razón por la cual la mayoría de nosotros somos tan tacaños para hacer cumplidos y halagos es porque tenemos que tener una opinión muy elevada de la otra persona como para halagarla.

Hacerle un cumplido a los actos de alguien y a sus cualidades aumenta sus sentimientos de autoestima, lo cual está muy lejos del egotismo y el engreimiento.

Elogiar a otros, sólo como personas, puede hacerlos muy engreídos.

EL CAPÍTULO 12 EN POCAS PALABRAS

1. Los elogios francos milagrosamente liberan energía en las personas, las estimula físicamente y anima el espíritu.

2. Las personas desanimadas, que hacen un trabajo mediocre, o con quienes sencillamente es difícil llevarse bien, probablemente sufren de una baja autoestima. Los cumplidos pueden funcionar como medicina mágica que les da una saludable inyección cambiando su comportamiento para bien.

3. Dales a otros los créditos por lo que hacen. Muestra aprecio por lo que han hecho al decirles: "¡Gracias!".

4. Sé generoso haciendo afirmaciones amables. La gratitud no es algo común. Te destacas cuando eres generosamente agradecido.

5. Aumenta tu propia felicidad y paz mental haciendo tres cumplidos al día.

13

CÓMO HACER CRÍTICAS SIN OFENDER

Cerca del 95% de las veces que le decimos a alguien: "Te digo esto por tu propio bien", en realidad no es así. Lo hacemos para aumentar nuestro ego al hacerle notar una falla a esa persona.

Una de las fallas más comunes en las relaciones humanas es la manera como (a veces de forma inconsciente) intentamos aumentar nuestro propio sentimiento de autoestima al reducir la estima de otro. Las críticas crónicas, el menosprecio hacia otros, las quejas, hablar mal a espaldas de alguien, son síntomas de baja autoestima.

Como lo dijo John D. Murphy en un artículo publicado en la revista *Your Life*: "Para menospreciar debes tener baja autoestima".

Pero, habrá momentos en los que el líder exitoso tenga que señalar errores y "corregir" a quienes trabajan con él. Esto es todo un arte, y uno en el que la mayoría de líderes potenciales fallan.

Miremos las críticas desde otra perspectiva

Como el arte de criticar es tan poco conocido, y ya que el 99% de las personas no es tan diestro en el mismo, la misma palabra criticismo deja un mal sabor en nuestra boca. Cuando pensamos en esa palabra, pensamos en los hombres y mujeres que critican mucho. Fácilmente pensamos en alguien "saltando a nuestra garganta", humillándonos, y derribándonos a golpes.

Pero, el propósito real de las críticas no es hacerle daño a la otra persona, sino ayudarle a hacer mejor su trabajo. No es para herir sus sentimientos, sino para ayudarle a mejorar lo que está haciendo.

No hace mucho me encontraba hablando con Walter Johnson, Vicepresidente de American Airlines, sobre las siete normas para criticar con éxito (las cuales verás dentro de poco). Hablábamos sobre lo necesarias que son las críticas y cómo podían ser realmente útiles.

"¿Sabes, Les?" dijo, "un piloto aproximándose para aterrizar es un buen ejemplo de lo que es una crítica exitosa. La torre debe comentar y corregir su vuelo con frecuencia. Si está fuera de curso, la torre no vacila en decírselo. Si va demasiado bajo, se le informa al respecto. Si se va a pasar de la pista, se le hace la corrección necesaria. Pero nunca he escuchado que alguno de nuestros pilotos se ofenda por estas críticas. Nunca he escuchado a alguno de ellos decir: 'Ahh, esta persona siempre busca errores en mis vuelos. ¿Por qué no puede decir algo bueno para variar?'".

Cómo mantener a la otra persona bajo la luz

La próxima vez que tengas que poner a alguien bajo el microscopio recuerda cómo es que las aerolíneas "corrigen" a sus pilotos. Ten presente que sus indicaciones no buscan la satisfacción personal sino que procuran lograr un buen resultado final para la aerolínea y para el piloto. La persona en la torre de control no trata con personalidades. No usa recriminaciones. Sus comentarios no se exponen por los altavoces, sino que se mantienen en estricta privacidad para los audífonos del piloto. Critica el hecho y no a la persona.

Las aerolíneas no dicen: "Vaya, esa sí que es una forma tonta de aproximarse a un aterrizaje". Sólo dicen: "Vas demasiado bajo".

Al piloto no se le pide que haga algo sólo para complacer al jefe y por eso él ve la instrucción con un sentido positivo para aprovechar las críticas y beneficiarse con ellas. No se ofende, de hecho lo aprecia. Es más probable que invite al hombre de la torre a una buena cena en lugar de insultarlo.

Y lo que es más importante es que tanto el piloto como su jefe logran resultados finales útiles. Las críticas logran algo productivo.

Todas las críticas podrían hacerse con el mismo ánimo, y si así fuera, se lograrían resultados igualmente buenos.

Los siete puntos imprescindibles para las críticas exitosas

1. *Las críticas deben hacerse completamente en privado*

Si quieres que tus críticas surtan efecto, no permitas que el ego de la otra persona se ponga en tu contra. Recuerda tu meta: lograr un buen resultado final o hacer que vuelva al curso, más no rebajar su ego. Aunque tus motivos sean los mejores, y tengas un buen ánimo en torno a la crítica que vas a hacer, recuerda que lo que importa es cómo se sienta tu interlocutor. Es muy probable que la crítica más leve hecha delante de otras personas genere resentimiento en quien sea que has criticado. Con razón o no, él o ella sentirán que han quedado mal delante de sus compañeros de trabajo o asociados.

Ya sea que apliques o no esta norma, también es bueno que expreses cuáles son tus motivos reales. ¿Criticas a un empleado sólo cuando tienes una audiencia? ¿"Corriges" los modales de tu esposo en la mesa ante otras personas? De ser así, es muy probable que tu objetivo real al hacer la crítica no sea para ayudar a los demás sino para obtener satisfacción personal al humillarlos. Los niños también son personas. En la medida de lo posible, no corrijas a Junior delante de sus compañeros de juego. Por sobre todo, no le des un sermón cuando hay otros presentes.

2. *Antes de hacer una crítica haz un cumplido o brinda unas palabras amables*

Las palabras amables, los cumplidos y los elogios tienen el efecto de organizar el escenario en una atmósfera amigable. Es útil hacerle saber a la otra persona que no estás atacando su ego y hacer que se sienta cómoda. La reacción natural de una persona "llamada a cuentas" es la de disponerse a defender su ego. Alguien con un estado de ánimo defensivo no será receptivo a tus ideas.

Clarence Francis, uno de los fundadores de General Foods Corporation, dijo: "Cuando elogias a alguien, sacas lo mejor de esa persona, y te comprenderá mejor cuando la crítica sea necesaria".

Los elogios y los cumplidos abren la mente de la otra persona:

"Bill, el informe que entregaste fue muy completo. Sin duda cubriste todos los elementos importantes. Pero faltó algo...".

"Mary, has hecho un trabajo excelente desde que entraste a nuestra empresa. Apreciamos tus esfuerzos en esta división. Tengo una sugerencia para mejorar, la cual sé que apreciarás...".

"Joe, siempre has cooperado muy bien en el pasado. Hay una razón por la cual...".

"John, sin duda has sido un buen vecino todos estos años. ¿Sabes?".

"De experiencias pasadas he sabido que siempre buscas cómo mejorar tu trabajo. Se me ocurrió que...".

3. Haz que las críticas sean impersonales, critica el acto y no a la persona

Aquí de nuevo, puedes esquivar el ego del otro al criticar sus acciones o su comportamiento y no su persona. Después de todo, es en sus acciones en lo que estás interesado. Al determinar con precisión tus críticas a sus acciones, en realidad estás haciéndole un cumplido y desarrollando su ego al mismo tiempo.

"John, por mi experiencia, sé que este error no es típico de tu desempeño normal".

"George, la única razón por la cual menciono esto es porque sé que puedes hacerlo mejor sin dificultad. Esto no va de acuerdo con tus altos estándares normales".

De esta manera en realidad ayudas a quien sea a desarrollarse en lugar de mostrarle sus errores. En lugar de decirle: "No eres bueno", en esencia dices:

"Creo que eres mucho mejor de lo que indica este desempeño". Le haces saber que crees que es mejor que el error, y que esperas que lo haga mejor. Este en sí es un poderoso incentivo para "estar a la altura de" tus expectativas.

CORRECTO: "Esta palabra está mal escrita".

EQUIVOCADO: "Señorita Jones, usted escribe muy mal".

CORRECTO: "Es mejor que verifiques las sumas en estas cifras".

EQUIVOCADO: "Tus errores son muy tontos…".

CORRECTO: "Johnny, debes estudiar más para subir estas calificaciones".

EQUIVOCADO: "¿Por qué tienes que ser tan tonto"?

Pueden surgir situaciones en las que sería más amable señalar el objeto en relación con la persona, que la acción de la persona misma. Por ejemplo:

"Fred, por alguna razón el informe semanal no llegó a la oficina de contabilidad. (Su responsabilidad es enviarlo). ¿Sabes qué pasó con ese informe, Fred?" Esto en lugar de: "Fred, no enviaste el informe a la oficina de contabilidad a tiempo".

4. Ofrece una respuesta

Cuando le digas a otra persona qué hizo mal, dile también cómo hacerlo bien. No hagas énfasis en el error sino en los medios y formas para corregir el error y evitar que se repita o su recurrencia.

Una de las mayores quejas de los trabajadores es: "No sé qué es lo que se espera de mí. Al parecer nada de lo que hago complace a mi jefe, sin embargo nunca tengo certeza de qué es lo que quiere".

Nada puede minar más la ética en una oficina, una fábrica o un hogar, que un ambiente de insatisfacción general sin ninguna clara definición de qué es lo que se espera. La mayoría de la gente está ansiosa por "hacer lo correcto" si les dices qué es lo "correcto".

Como me lo expresó un trabajador: "Mi jefe siempre está buscando defectos y criticando mi trabajo. Todo lo que sé es cómo hacerlo 'mal'. Pero nunca me dice qué es lo 'correcto'. No hay una medida a la cual apuntar. Es como dispararle a un blanco en la oscuridad sin tener idea de dónde se encuentra ese blanco. Todo lo que sé es que, sin importar en qué dirección apunte, al parecer siempre fallo".

5. Pide cooperación, no la exijas

Preguntar siempre genera mayor cooperación que exigencias. "¿Puedes hacer estas correcciones?" genera mucho menos resentimiento que: "¡Haz esto de nuevo, y por amor de Dios, en esta oportunidad procura que salga bien!".

Cuando haces exigencias, pones a la otra persona en un papel de esclavo y a ti mismo en el papel de amo. Cuando pides, lo pones en el papel de miembro de tu equipo. Recuerda que el sentimiento de equipo y de participación logra mucha más cooperación que la fuerza.

También hace una gran diferencia si presentas tus críticas sobre la base de: "Yo soy el jefe y tienes que hacerlo de esta manera porque yo lo digo", o si lo haces sobre la base de: "Esto es lo que estamos tratando de lograr y tú puedes ayudarnos a alcanzar esta meta de esta manera".

Lograrás mucho más si le das a la otra persona un incentivo personal por querer cambiar sus acciones, en lugar de limitarte a emitir una orden para que sea ejecutada.

La National Cash Register Company es conocida por tener una de las mejores fuerzas de ventas del país. Ralph Negri, Director de Entrenamiento en Ventas, me dice que el secreto para mantener a los vendedores con el ánimo arriba, no es darles sermones sobre lo que quiere la empresa, sino incentivarlos para que quieran vender mejor.

Ralph nunca dice: "Si quieres trabajar acá tienes que desplazarte mucho". Más bien, se inclina a decir algo como: "Si te obligas a salir y hacer un par de llamadas más, aumentarás tus ingresos considerablemente".

6. *De una crítica a una ofensa*

Se justifica llamar la atención una vez respecto a determinado error. Dos veces no es necesario. Y tres veces ya es un regaño. Recuerda tu objetivo al criticar: lograr que un trabajo se haga, no es ganar una lucha de egos.

Cuando te sientas tentado a revivir el pasado, o a recordar un error que ya se ha solucionado, recuerda la ilustración del hombre de la torre criticando al piloto a fin de que llegue seguro a tierra. Él le dice qué está haciendo mal ahora y una vez corregido, se olvida.

La persona en la torre de control tampoco "tiene nada en contra" del piloto porque haya hecho un mal aterrizaje en una ocasión.

Sencillamente es tonto e ineficaz que sigas trayendo a colación e insistiendo en los errores del pasado.

Los jefes no son los únicos que cometen este error. Esposos y esposas arrastran equivocaciones y errores del pasado que ya deberían estar muertos y enterrados. Padres, en el trato con sus hijos, desentierran problemas muertos. Esto nunca ayuda a que la otra persona mejore en el presente, de hecho, es más probable que tenga un efecto opuesto.

7. Termina de forma amigable

Un problema no termina mientras no sea resuelto en términos amables. No dejes asuntos pendientes para traerlos a colación después. Termínalos siempre. Llévalos a una conclusión y olvídalos.

Dale a la otra persona una palmada en la espalda al final de la conversación. Haz que su último recuerdo de ésta sea la palmadita en la espalda y no una patada en el trasero.

CORRECTO (sonriendo):"Sé que puedo contar contigo".

EQUIVOCADO: "Ya que estás enterado, que no vuelva a suceder".

CORRECTO: "Sé que vas a adquirir práctica en esto, sólo sigue intentándolo".

EQUIVOCADO:"¡Más vale que muestres mejoría pronto o…!".

EL CAPÍTULO 13 EN POCAS PALABRAS

Recuerda que la crítica, para que tenga éxito, debe tener como objetivo el alcanzar una meta que valga la pena para ti y para la persona a quien estás criticando. No critiques sólo por reforzar tu propio ego. Y mantente alejado del ego de la otra persona, cuando tengas que corregirla.

Memoriza estos siete puntos imprescindibles y empieza a ponerlos en práctica:

1. Las críticas deben ser completamente en privado.

2. Antes de hacer una crítica haz un cumplido o brinda unas palabras amables.

3. Haz que las críticas sean impersonales, critica el acto y no a la persona.

4. Ofrece una respuesta.

5. Pide cooperación, no la exijas.

6. No pases de una crítica a una ofensa.

7. Termina de forma amigable.

SEXTA PARTE

TU MANUAL DE RELACIONES HUMANAS

14. Un plan de acción sencillo y efectivo que te conducirá al éxito y a la felicidad

14

UN PLAN DE ACCIÓN SENCILLO Y EFECTIVO QUE TE CONDUCIRÁ AL ÉXITO Y A LA FELICIDAD

La mayoría de empresas exitosas de hoy tienen programas activos de relaciones humanas, no sólo bibliotecas con libros sobre relaciones humanas, sino programas activos y dinámicos. Trazan diferentes planes para alcanzar metas reales. Luego empiezan a trabajar para alcanzar esas metas.

En este último capítulo, reunámonos y desarrollemos un "programa personal de relaciones humanas". En lugar de sólo decir: "Bueno, procuraré recordar los consejos de este libro y ver si puedo llevarme mejor con los demás", tracemos unas metas reales y empecemos a trabajar en pro de ellas.

Sacar algún provecho de esta lectura ahora depende de ti. Te he dado métodos probados que han demostrado que funcionan en miles de casos. Te he dado conocimientos acerca da la naturaleza humana, los cuales han sido demostrados una y otra vez. Pero ese es sólo un ingrediente en la fórmula para tu éxito y felicidad. La fórmula es esta:

CONOCIMIENTO + APLICACIÓN = ÉXITO

Tú debes decidir cuál será la aplicación que le darás.

La actitud positiva te llevará al éxito

Primero que todo, mucho depende de tu razón para querer llevarte bien con otros. Si intentas aplicar las técnicas de este libro más como un medio para evitar los problemas, o evadir la fricción, estás viendo las relaciones humanas desde un punto de vista negativo. No sólo estás dándoles importancia en tu mente a las ideas de problemas y fricción, enfatizando lo difícil que es llevarse bien con quienes te rodean... sino que así de importante es el hecho, que una actitud negativa quita todo el ánimo y reto a mejorar tus relaciones humanas.

No puedes tener mucho entusiasmo con un programa tan negativo. De hecho, no lograrás poner tu corazón en eso si sientes que las relaciones humanas son sólo una forma de mantener tus propios deseos y tu ego bajo control, de modo que los demás no se opongan, así como tampoco puedes pretender que el "llevarse bien con los demás" para ti sea someterse y dejar que todos se salgan con la suya en todo.

Las relaciones humanas te dan éxito y felicidad. Deberías considerarlas como una habilidad que vas a aprender. Una muy gratificante. Deberías esperar lograr un verdadero sentimiento de satisfacción y de logro al mejorar tus relaciones humanas. Esta actitud positiva te da un incentivo para alcanzar las metas definidas.

Escribe tus objetivos

Una razón por la cual no aseguramos más provecho de la lectura de un libro es que nunca vamos al grano ni consideramos cómo aplicar a las situaciones concretas de nuestra vida las técnicas y los métodos que leemos.

El conocimiento contenido en este libro te servirá poco a menos que lo veas en términos de tu propia experiencia y tus propios problemas. Escribir tus objetivos y metas ha llegado a ser uno de los mejores métodos descubiertos para imprimir tus metas en tu mente y ayudarte a cambiar tu comportamiento.

Así que no dejes evaporar el conocimiento que has aprendido con la lectura de este libro. Concretémoslo escribiendo tus metas y objetivos, y comenzando a hacer algo al respecto.

No tengo cómo saber cuáles sean tus problemas u objetivos. Pero sí sé que a la mayoría de nosotros nos gustaría mejorar nuestras relaciones humanas en por lo menos tres áreas de nuestra vida: el trabajo, la vida de hogar, la vida social.

Así que, de acuerdo con el conocimiento adquirido respecto a que una persona se entusiasma más y está más dispuesta a cooperar a fin de alcanzar una meta si se le invita a participar, voy a pedirte que participes en la redacción de este libro. La meta que quiero alcanzar es ayudarte a mejorar tus relaciones humanas. Pero necesito tu ayuda. No puedo escribir tus objetivos por ti. Y si pudiera, aun así no podría decirte cómo alcanzarlos. Entonces, ¿puedes ayudarme llenando los espacios en blanco de las páginas a continuación?

MI PROGRAMA DE RELACIONES HUMANAS EN EL TRABAJO

Mi principal problema es:_____

Los números de páginas en este libro donde encuentro información que arroja algo de luz sobre este problema son:_____
_____

Las técnicas y métodos utilizados por otros para solucionar problemas similares se encuentran en las siguientes páginas de este libro:_____

Los pasos definitivos que voy a poner en práctica de inmediato son:

1. _____
_____

2. _____
_____

3. _____
_____

4. _____
_____

5. _____
_____

Fecha de seguimiento [una semana después]:_____

Evaluación de los progresos realizados:

[ ] Satisfactorio, necesito más tiempo.

[ ] Insatisfactorio, debo cambiar de métodos.

Ante los resultados obtenidos durante la semana pasada, ahora siento que debería hacer lo siguiente:
_____
_____
_____
_____

***

Mi segundo problema es el siguiente: _____

Los números de páginas en este libro donde encuentro información que arroja algo de luz sobre este problema son: _____
_____
_____

Las técnicas y métodos utilizados por otros para solucionar problemas similares se encuentran en las siguientes páginas de este libro:_____

Los pasos definitivos que voy a poner en práctica de inmediato son:

1. _____
_____

2. _____
_____

3. _____
_____

4. _____
_____

5. _____
_____

Fecha de seguimiento [una semana después]:_____

Evaluación de los progresos realizados:

[ ] Satisfactorio, necesito más tiempo.

[ ] Insatisfactorio, debo cambiar de métodos.

Ante los resultados obtenidos durante la semana pasada, ahora siento que debería hacer lo siguiente:
_____
_____
_____
_____
_____

***

Mi tercer problema es: _____

Los números de páginas en este libro donde encuentro información que arroja algo de luz sobre este problema son: _____
_____
_____

Las técnicas y métodos utilizados por otros para solucionar problemas similares se encuentran en las siguientes páginas de este libro: _____

Los pasos definitivos que voy a poner en práctica de inmediato son:

1. _____
_____

2. _____
_____

3. _____
_____

4. _____
_____

5. _____
_____

Fecha de seguimiento [una semana después]:_____

Evaluación de los progresos realizados:

[　] Satisfactorio, necesito más tiempo.

[　] Insatisfactorio, debo cambiar de métodos.

Ante los resultados obtenidos durante la semana pasada, ahora siento que debería hacer lo siguiente:
_____
_____
_____
_____
_____

MI PROGRAMA DE RELACIONES HUMANAS EN CASA

Mi principal problema es:_____

Los números de páginas en este libro donde encuentro información que arroja algo de luz sobre este problema son:_____

Las técnicas y métodos utilizados por otros para solucionar problemas similares se encuentran en las siguientes páginas de este libro:_____

Los pasos definitivos que voy a poner en práctica de inmediato son:

1. _____
_____

2. _____
_____

3. _____
_____

4. _____
_____

5. _____
_____

Fecha de seguimiento [una semana después]:_____

Evaluación de los progresos realizados:

[ ] Satisfactorio, necesito más tiempo.

[ ] Insatisfactorio, debo cambiar de métodos.

Ante los resultados obtenidos durante la semana pasada, ahora siento que debería hacer lo siguiente:
_____
_____
_____
_____

***

Mi segundo problema es el siguiente: _____

Los números de páginas en este libro donde encuentro información que arroja algo de luz sobre este problema son: _____
_____

Las técnicas y métodos utilizados por otros para solucionar problemas similares se encuentran en las siguientes páginas de este libro:_____

Los pasos definitivos que voy a poner en práctica de inmediato son:

1. _____
_____

2. _____
_____

3. _____
_____

4. _____
_____

5. _____
_____

Fecha de seguimiento [una semana después]:_____

Evaluación de los progresos realizados:

[   ] Satisfactorio, necesito más tiempo.

[   ] Insatisfactorio, debo cambiar de métodos.

Ante los resultados obtenidos durante la semana pasada, ahora siento que debería hacer lo siguiente:
_____
_____
_____
_____

***

Mi tercer problema es: _____

Los números de páginas en este libro donde encuentro información que arroja algo de luz sobre este problema son: _____
_____

Las técnicas y métodos utilizados por otros para solucionar problemas similares se encuentran en las siguientes páginas de este libro: _____

Los pasos definitivos que voy a poner en práctica de inmediato son:

1. _____
_____

2. _____
_____

3. _____
_____

4. _____
_____

5. _____
_____

Fecha de seguimiento [una semana después]:_____

Evaluación de los progresos realizados:

[   ] Satisfactorio, necesito más tiempo.

[   ] Insatisfactorio, debo cambiar de métodos.

Ante los resultados obtenidos durante la semana pasada, ahora siento que debería hacer lo siguiente:

_____
_____
_____
_____

MI PROGRAMA DE RELACIONES HUMANAS EN MI VIDA SOCIAL

Mi principal problema es:_____

Los números de páginas en este libro donde encuentro información que arroja algo de luz sobre este problema son:_____
_____

Las técnicas y métodos utilizados por otros para solucionar problemas similares se encuentran en las siguientes páginas de este libro:_____

Los pasos definitivos que voy a poner en práctica de inmediato son:

1. _____
_____

2. _____
_____

3. _____
_____

4. _____
_____

5. _____
_____

Fecha de seguimiento [una semana después]:_____

Evaluación de los progresos realizados:

[ ] Satisfactorio, necesito más tiempo.

[ ] Insatisfactorio, debo cambiar de métodos.

Ante los resultados obtenidos durante la semana pasada, ahora siento que debería hacer lo siguiente:
_____
_____
_____
_____

***

Mi segundo problema es el siguiente: _____

Los números de páginas en este libro donde encuentro información que arroja algo de luz sobre este problema son: _____
_____

Las técnicas y métodos utilizados por otros para solucionar problemas similares se encuentran en las siguientes páginas de este libro:_____

Los pasos definitivos que voy a poner en práctica de inmediato son:

1. _____
_____

2. _____
_____

3. _____
_____

4. _____
_____

5. _____
_____

Fecha de seguimiento [una semana después]:_____

Evaluación de los progresos realizados:

[ ] Satisfactorio, necesito más tiempo.

[ ] Insatisfactorio, debo cambiar de métodos.

Ante los resultados obtenidos durante la semana pasada, ahora siento que debería hacer lo siguiente:
_____
_____
_____

Mi tercer problema es: _____

Los números de páginas en este libro donde encuentro información que arroja algo de luz sobre este problema son: _____
_____

Las técnicas y métodos utilizados por otros para solucionar problemas similares se encuentran en las siguientes páginas de este libro: _____

Los pasos definitivos que voy a poner en práctica de inmediato son:

1. _____
_____

2. _____
_____

3. _____
_____

4. _____
_____

5. _____
_____

Fecha de seguimiento [una semana después]:_____

Evaluación de los progresos realizados:

[　] Satisfactorio, necesito más tiempo.

[　] Insatisfactorio, debo cambiar de métodos.

Ante los resultados obtenidos durante la semana pasada, ahora siento que debería hacer lo siguiente:

_____
_____
_____
_____
_____

MI PROGRAMA DE SUPERACIÓN PERSONAL

Benjamin Franklin, en su autobiografía, habla de cómo intentó por años, sin éxito, mejorarse a sí mismo y librarse de ciertos hábitos. Hasta que un día se sentó y escribió una lista de lo que él consideraba eran sus defectos, tales como el mal humor, la impaciencia, la falta de consideración por los demás, y aspectos similares, y eligió el que considera como su problema número uno. En lugar de sólo tomar la decisión de "mejorar", Franklin hizo un esfuerzo por trabajar en su punto débil principal. Tomaba sus defectos uno a la vez, y trabajaba en ellos uno por uno. El resultado final fue que en el plazo de un año había superado muchos hábitos malos que habían sido obstáculos.

Ahora, no conozco tus defectos. Y no los señalaría si los conociera. Pero, si estás leyendo este libro, eso significa que eres humano. Y si eres humano, tiene algunos "malos" hábitos. Al usar la frase "malos hábitos" no estoy hablando en un sentido moral. Mi trabajo no es tratar de hacerte "bueno". Sino que hablo de malos hábitos porque obran en contra de lo que realmente quieres. Estoy hablando de los hábitos que te perjudican innecesariamente para conseguir lo que quieres en la vida.

Te pido que te deshagas de ellos, no por razones éticas o morales, sino porque son como pesos muertos que te detienen en el juego de la vida. Deshazte de ellos, verás que tu progreso hacia el éxito y la felicidad será mucho más fácil.

UNA LISTA DE VERIFICACIÓN DE AUTOANÁLISIS

	SÍ	NO
1. ¿Critico mucho a la naturaleza humana? ¿Espero que los demás sean completamente "desinteresados", y aun así deseo que me den lo que quiero?	☐	☐
2. ¿Espero que todo el mundo con el que me relacione sea perfecto, o hago concesiones y tiendo a dar el beneficio de la duda?	☐	☐
3. ¿Estoy dispuesto a darle a la otra persona algo que quiere a cambio de algo que yo quiero?	☐	☐
4. Todos queremos aumentar nuestra autoestima. ¿Satisfago mi propia autoestima por medio del logro legítimo, o tratando reducir a otros a mi tamaño?	☐	☐
5. ¿Realmente estoy interesado en la otra persona y sus problemas?	☐	☐
6. ¿Les presto suficiente atención a otros?	☐	☐

7. ¿Acepto a los demás como iguales, o tengo una leve tendencia hacia la autojustificación o la condescendencia? ☐ ☐

8. ¿Trato de ayudar a que las otras personas se agraden más a sí mismas, o procuro rebajarlas? ☐ ☐

9. ¿Respeto la personalidad y la individualidad de quienes me rodean? ☐ ☐

10. ¿Muestro respeto y me comporto de tal modo que los demás se sientan importantes? ☐ ☐

11. ¿Asumo que la otra persona va a ser amigable y tomo la iniciativa de encontrarme con él o ella en un punto más allá de la mitad? ☐ ☐

12. ¿Soy lo suficientemente cuidadoso en mi apariencia? ¿Lustro mis zapatos? ¿Los tacones no están desgastados? ¿He cortado mi cabello? ¿Mi ropa está bien planchada? ¿Tengo las uñas limpias? ☐ ☐

13. ¿Le muestro a la otra persona la actitud que quiero que ella me muestre? ☐ ☐

14. ¿Soy buen conversador? ¿Soy el tipo de persona que es "fácil de conocer"? ☐ ☐

15. ¿Escucho atentamente a los demás? ¿Escucho lo suficiente? ☐ ☐

16. ¿Soy hábil comunicando mis ideas? ☐ ☐

17. ¿Tengo éxito logrando que los demás cooperen conmigo? ☐ ☐

18. ¿Cuándo les pido ayuda a otros, permito que participen? ¿Les comparto los beneficios si participan? ☐ ☐

19. ¿Aprovecho al máximo el talento de quienes trabajan conmigo, empleando sus cerebros, así como su fuerza física? ☐ ☐

20. ¿Sé cómo usar el poder milagroso del elogio? ¿Cuánto tiempo ha pasado desde que le hice un halago a alguien por algo? ☐ ☐

21. ¿Siempre le doy crédito a otras personas por lo que hacen? ☐ ☐

22. ¿Cuánto tiempo ha pasado desde que mostré mi agradecimiento con un merecido "gracias"? ☐ ☐

23. ¿Puedo criticar a otros sin que se enojen o sin herir sus sentimientos? ☐ ☐

24. ¿Soy sincero en mis relaciones con los demás? ☐ ☐

25. ¿Soy demasiado impaciente en mi trato con la gente? ☐ ☐

26. ¿Le doy siempre un incentivo a la otra persona, una razón personal para hacer lo que quiero que haga, o por concederme un favor? ☐ ☐

27. ¿Tiendo a mantener resentimientos o rencores? ☐ ☐

28. ¿Me meto en problemas con otras personas debido a mi temperamento? ☐ ☐

29. ¿Alguna vez me he jactado o fanfarroneo, o aparento ser un pez gordo para ocultar mis temores? ☐ ☐

30. ¿Por alguna razón soy culpable de ser arrogante o esnobista? ☐ ☐

Los puntos enumerados en la lista anterior sobre los que tengo que trabajar ahora son:

_____

_____

Otros aspectos que debo mejorar:

1. _____
2. _____
3. _____
4. _____
5. _____

Las referencias en este libro que me ayudarán a mejorar en estos puntos se encuentran en las siguientes páginas: _____

_____

El primer elemento sobre el que voy a trabajar será:

_____

Los pasos definitivos que pretendo dar para mejorar en este tema son:

_____

_____

TÚ debes escribir el final de este libro

Cuando me propuse escribir este libro tenía un propósito en mente: ayudarte a TI, el lector, a mejorar tus propias relaciones humanas y, por consiguiente, a alcanzar más felicidad y éxito en la vida. Y en lo que a mí concierne, el libro no estará terminado hasta que ese propósito se cumpla.

Así que, una vez más, necesito tu ayuda. Porque sólo tú puedes terminar este libro.

Cuando hayas elaborado tus propios programas de relaciones humanas... cuando los hayas puesto en práctica, los hayas probado, y puedas escribir en la parte inferior de esta página, "Misión cumplida", entonces este libro habrá terminado.

Te invito, como un favor personal para mí: no dejes inconcluso mi libro. No me gusta fracasar y habré fallado al escribirlo si no intervienes y pones en práctica estos principios.

No pueden lograr nada si se quedan reposando en el estante de tu biblioteca. Ponlos en práctica en tu vida diaria, estos principios pueden hacer por ti lo que han hecho por miles de personas: traer éxito y felicidad.

www.ingramcontent.com/pod-product-compliance
Lightning Source LLC
Chambersburg PA
CBHW030518080526
44586CB00011B/241